Friederike Dellemann

Rike und Manuel

Friederike Dellemann

Rike und Manuel

Rediroma-Verlag

Bibliografische Information der Deutschen Nationalbibliothek:
Die Deutsche Nationalbibliothek verzeichnet diese Publikation in der Deutschen Nationalbibliografie; detaillierte bibliografische Daten sind im Internet über http://portal.dnb.de abrufbar.

ISBN 978-3-98527-190-0

www.rediroma-verlag.de
8,95 Euro (D)

Inhalt

Kurztrip im Mittellandkanal

Nachdem der erste längere Törn mit dem Boot so gut klappte, trauten sich Manuel und seine Frau Rike den ersten Kurzurlaub zu. Auf dem Mittellandkanal. So spontan wie sie vom Wesen waren, fuhren sie los. Auf jeden Fall sollte es ab Wendeburg gehen. Dort das Auto und den Trailer über mehrere Tage unbeaufsichtigt stehen lassen, wollten sie nicht. Manuel bat seinen jungen Kollegen Christoph, das Auto nebst Trailer wieder nach Hause zu fahren und sie Ostermontag in Wendeburg abzuholen.

Taschen packen war angesagt. Für zwei Nächte brauchten sie nicht viel. Aber Kaffee, ganz wichtig. Das Beladen hatten sie zur Genüge geübt und es ging alles ohne Probleme. Einige zusätzliche Kanister Benzin hatten sie mitzunehmen. An der Heimattankstelle füllten sie den Bootstank bis zum Rand. Beim Verschließen fiel Manuel der Deckel aus der Hand und landete direkt in der Spitze des Bootes. Nach vielen vergeblichen Versuchen den Deckel zu erreichen, kamen sie zu der Einsicht, wieder nach Hause zu fahren um den Ersatzdeckel zu holen. Aber schöön langsam, damit so wenig Benzin wie möglich überschwappt. Warum sie das Boot nicht an der Tankstelle abstellten? Das weiß der Himmel.

Das Boot zu Wasser lassen klappte und das Einsteigen auch. An die Spundwände konnten sie sich langsam gewöhnen. Jetzt ging es wirklich los. Der erste Erlebnisurlaub auf dem Wasser. Einfach nur die Landschaft genießen, riechen, schauen und hören, wenn der Motor aus ist. So fühlt sich Wasserwandern an. Sie fuhren Richtung Magdeburg. Am Abzweig zum Elbe Seitenkanal entschieden sie sich gen Norden zu fahren in der Hoffnung, dort weniger Spundwände vorzufinden. Mit einer durchschnittlichen Geschwindigkeit von elf Kilometer pro Stunde genossen sie den Elbe Seiten

Kanal. Hier gibt es fast keine Spundwände, welche das Wasser in Bewegung halten. Die Landschaft ist offener. Sie waren in der Heideregion.

Im Elbe Seiten Kanal konnten sie auch nicht weiter schauen, da die „Eichsfeld“ nicht über die Dämme hinausragt. Es fühlte sich aber offener an. Sehr befreiend. Am Himmel konnten sie die großen Greife wie den Rot Milan beobachten, wie sie sich in der Thermik nach oben schrauben. An beiden Uferseiten sind Wanderwege auf denen sich die Menschen mit und ohne Rad, mit und ohne Elektrounterstützung, mit einem oder auch mehreren Hunden begegnen. Manche liegen in der Sonne und genießen die warmen Strahlen. Andere hatten ihre Angelruten ausgeworfen und hofften auf Petri Heil und einen fetten Fisch. Vielleicht einen steinalten Wels. Die Wasserqualität ist in den Kanälen wirklich hervorragend. Hier wachsen Barsche, Aale, Zander und Karpfen gesund heran, auch wenn das Wasser stets trüb ist. Die Angler unter den Lesern wissen, manch Fisch kann nur im trüben Wasser gut heranwachsen.

An diesem Nachmittag erreichten sie das Sicherheitstor Oßlos. Von diesen Sicherheitstoren gibt es einige in jedem Kanal. Durch die Sicherheitstore in den Kanälen wird verhindert, dass im Fall eines Dammbruchs das Wasser komplett ausläuft und die Ortschaften überflutet.

Sie entschieden sich, hier zu übernachten und machten die „Eichsfeld“ fest. Sie lag gut verzurrt am Anleger. Diese sind unterteilt in Plätze für die Binnenschifffahrt und die Sportboote. Durch Schilder sind sie auch gekennzeichnet. In den Kanälen kann man nicht einfach mal eben vor Anker gehen. Zum einen, weil es verboten ist, zum anderen, weil der Anker so gut wie keinen Halt finden würde.

Manuel machte Fotos und kleine Videosequenzen. Die Berufsschifffahrt ist immer unterwegs und hat es stets eilig, wenn sie auch maximal fünfzehn Kilometer pro Stunde fahren dürfen. Diese fünfzehn Kilometer pro Stunde reizte der Kapitän des Binnenschiffs „Luise“ aus Bremen aus, als er an ihnen seine riesige Bugwelle vorbei schob. Nichts ahnend saß Rike auf dem Kapitänsstuhl und schaute in Gedanken versunken dem Giganten zu. Mit einem Mal senkte sich die „Eichsfeld“ nach links. Das Adrenalin schoss in die Adern. Sofort klammerte sie sich an der nächstbesten Möglichkeit fest. Stocksteif saß sie da. So muss sich ein Tsunami anfühlen. Das Wasser wird vom Ufer gesogen und dann mit Wucht zurück geworfen. Sie hörte Manuel in der Ferne erschreckt rufen: „Oh Gott!“

Weil das Boot so fest verzurrt war, konnte es die Wasserbewegungen nicht mitmachen. Und die waren erschreckend. Das Boot machte nach der Seitwärtsneigung Sprünge auf dem Wasser, das Rike Hören und Sehen verging. Und immer gegen die Spundwand. Die Schrammen blieben nicht aus. Als die beiden sich das Video ansahen, hatte Manuel im Moment des Ausspruchs lediglich den Boden gefilmt. Beide lachten schallend. Nachdem der Schreck überstanden war, richteten sie sich für die erste Nacht ein und unterhielten sich noch über den Kapitän der „Luise“. Er musste mächtigen Spaß beim Zusehen gehabt haben und Manuel und Rike beim Anschauen des Videos.

Direkt vor ihnen parkte kurz vor dem Dunkelwerden der Kapitän der „Ella Anna“ seinen Arbeitsplatz ein. Manuel hatte das Parkschild für Sportboote übersehen. Sie waren zu weit nach vorn gefahren.

Die nagelneuen Schlafsäcke versprachen bis zu einer Temperatur von leichten Minusgraden warm zu halten. Toll. Das wird wie im Bett zu Hause so schön warm. Dachte Rike. Dass es noch Mal so kalt werden sollte, hätte sie nicht vermutet. In der Nacht tauschte sie das Nachthemd gegen den Jogginganzug und Socken und kuschelte sich wieder in den Schlafsack. So konnte Rike einige Stunden schlafen. Wer kann schon in der ersten Nacht in einem fremden Bett – auch wenn es das eigene ist - schlafen. Irgendwie ging die Nacht rum. Der Blick aus dem Fenster verhieß einen sonnigen Tag. Der Berufsschiffer war nicht mehr da. Keiner von beiden hatte mitbekommen, wann das Schiff ablegte. Also schliefen beide wirklich gut. So ein großes Schiff kann sich nicht auf Zehenspitzen davon schleichen.

Jetzt erst Mal die Morgentoilette und einen Kaffee. Waschen musste sehr eingeschränkt bleiben. Man konnte von allen Seiten auf das Boot sehen, in der Kajüte nicht stehen. Ein Stück weiter hinten lag ebenfalls ein Sportboot, auf welchem die Besatzung gerade mit dem Frühstück begonnen hatte. Also dann Katzenwäsche.

‚Für den nächsten Törn Babyfeuchttücher einpacken. ‘dachte Rike. Die eignen sich zur Körperpflege unter erschwerten Bedingungen hervorragend. Der warme Kaffee weckt die Lebensgeister und die Sonne das Gemüt. Trotzdem war es noch sehr frisch an diesem Ostersamstag.

‚Ich hätte die dicke Winterjacke mitnehmen sollen‘, Rike notierte sich den Gedanken.

Sie legten ab und es ging weiter Richtung Norden. Über Stunden waren sie allein unterwegs. Kein Mensch, kein Boot, nichts. Nur das Brummen unseres Motors und die Musik aus dem Radio. Einfach erholsam. Einfach kalt. Der Fahrtwind blies richtig kalt entgegen. Manuel zog den Reißverschluss seiner Jacke bis ganz nach oben, in der Hoffnung, so dem Fahrtwind etwas entgegen zu setzten.

Gegen Mittag erreichten Manuel und Rike den Yachtclub Wittingen. Es waren noch einige Liegeplätze frei und so versuchten sie das Erste Anlegemanöver in einem Hafen. Wie immer hatte es Manuel beim Fahren etwas eilig. Rein in den freien Anleger und wieder raus, mal links, mal rechts, mit dem Bootshaken den Abstand zum Anleger halten, versuchen die Klampe zu erreichen. Geschafft. Manuel stieg aus und machte die „Eichsfeld" fest. Dann half er Rike aus dem Boot. Es schwankte alles. Nicht nur auf dem Wasser die schwimmenden Anleger, sondern auch am Festland der Weg. Zuerst beim Hafenmeister melden und fragen, ob die „Eichsfeld" an diesem Platz liegen durfte. Könnte sein, dass ein Eigner diesen Platz für die Saison bezahlt hat. Sie brauchten nicht „Um parken" und zahlten für eine Nacht die Liegegebühr. Es war nicht sicher, ob sie an diesem Abend wieder hier anlegen würden oder doch einen Hafen weiter einen Platz bekommen oder doch wieder unterwegs festmachen. Das war im Moment auch erst mal egal. Sie waren so durch gefroren, dass sie überhaupt keinen Plan hatten. Eigentlich wollten sie auch eine warme Mahlzeit, aber die Küche hatte noch geschlossen. Bewegung wärmt auch. Sie schauten sich im Hafen die Boote an und unterhielten sich mit dem einen oder anderen Besitzer. Es waren schöne große Boote an den Anlegern. Auf fast jedem Boot war mindestens ein Hund. Manche Besatzung hatte sogar eine Gangway für den Liebling. Also wenn Rike ihren Norden mitnehmen wollte, bräuchten sie mehr Platz und eine Gangway. Die „Eichsfeld" war gegen die anderen Boote ein Zwerg. Aber ein durchaus hübscher Zwerg. Manch großes Boot war schon Recht in die Jahre gekommen und hätte einer Generalüberholung bedurft. Man will aber nicht pingelig sein. Was so etwas kostet, erlebten beide am Stapel der Rechnungen selbst und sie haben nur ein kleines Boot.

Am Nachmittag verließen sie den Hafen. Das Auslaufen ging schon besser. Nun war auch etwas mehr Verkehr. Für die „alten Hasen" nichts Besonderes mehr. Sie suchten neue Herausforderungen. In Bad Bodenteich der nächste Stopp. Sie wollten in den nahe gelegenen Supermarkt, um noch Putzlappen zu kaufen. Die waren zu Hause liegen geblieben. Selbstverständlich findet der Einkäufer noch einiges mehr, wenn er / sie so durch den Laden schlendert. Ein bisschen Obst, Getränke und Süßes kann man auch noch mitnehmen. Gesagt getan. Gut ausgestattet mit Vorräten für eine ganze Woche spazierten Rike und Manuel das kurze Stückchen zurück zum Anleger. Alles verladen, einsteigen, Leinen los und ablegen. Da war doch noch was! Der Motor musste noch gestartet werden. Der aber wollte einfach nicht anspringen. NEIN, nicht schon wieder. Sie trieben manövrierunfähig im Kanal. Vor und hinter der „Eichsfeld" ebenfalls Boote. Eine Kollision konnte mit der Hilfe der Bootshaken und eines anderen Skippers Gott sei Dank verhindern werden. Dieser warf ein Seil zu und zog sie wieder ans Ufer. Tiefes Aufatmen bei beiden. Jetzt lag die „Eichsfeld" wieder fest am Anleger. Manuel schaute nach dem Motor. Nach einer ganzen Weile hatte er den Fehler gefunden. Nur eine Sicherung. Zu Glück hatte er das Wichtigste an Werkzeug und einige Ersatzteile eingepackt, so auch Sicherungen. Der Wechsel ging dann schnell und der Motor sprang sofort wieder an. Also zum Wiederholten Mal:

Erst Motor starten, dann Leinen lösen!!!

Auf dem Weg nach Norden kam ihnen die Schleuse Uelzen in die Quere. Nun ja. Das erste Mal ist schon aufregend. Sollten sie es wagen? In der Karte steht geschrieben, dass die Doppelschleuse Uelzen eine Hubhöhe von dreiundzwanzig Metern hat. In den Filmen hatten sie sich mit den Vorschriften und Hinweisen zum Schleusen bestens vertraut gemacht. Aber das war alles Theorie und mit dem Anlegen, das klappte nicht so gut. Könnte sein, sie blamieren sich mächtig. Nun gut, sie wollten es wagen. Manuel und Rike hatten noch Zeit und wollten nicht mehr zurück nach Wittingen. Manuel rief im Yachtclub Uelzen an, welcher der nächste Hafen auf der Strecke war, um nach einem Liegeplatz für die Nacht zu fragen. Sollte dort kein Platz sein, würden sie zurück nach Wittingen fahren. In diesem Moment wäre die Absage angenehmer. Der Hafenmeister Sommer freute sich, beide als seine Gäste begrüßen zu dürfen. Für Übernachtung, heiß duschen und natürlich auch etwas Leckeres zu Abend war gesorgt. Also nahmen sie die Schleuse in Angriff. Sie hatten nach einigen Versuchen die „Eichsfeld“ endlich am Warteplatz für Sportboote anlegen können. Auch diese sind extra ausgewiesen. Nicht ohne Rempler und einer Rüge für Rike.

„Kannst du nicht das Boot von der Wand weg halten, pass doch auch.“ herrschte er Rike an.

Die Anmeldung erfolgte über eine Gegensprecheinrichtung welche Manuel ganz fachmännisch bediente. Sie sollten warten, bis sie aufgerufen werden. Es verging Zeit, viel Zeit. Rike hatte Bedenken, ob sie heute überhaupt noch bis zum Yachtclub kommen.

„Ob der Schleusenmeister uns vergessen hat? Schließlich ist die Schleuse noch himmelweit entfernt.“ wollte Rike wissen.

Manuel beruhigte sie und meinte, der Schleusenmeister wüsste noch, dass sie hier warten. „Erst muss das Schiff aus der Schleuse kommen, dann sind wir dran. Nach der Schleuse ist es nicht mehr weit. Ich habe mit dem Hafenmeister ausgemacht, dass er mir bei der Besorgung von Benzin am nächsten Tag behilflich ist.“ erklärte Manuel.

Es blieb ihnen also nichts weiter übrig, sie mussten nach Uelzen. Nach einer halben bis dreiviertel Stunde kam die Durchsage:

„Das Sportboot fertig machen zum Schleusen.“

Der Adrenalinspiegel stieg bei Manuel und Rike auf ein Höchstmaß. Sie konzentrierten sich nur noch auf die bereits geübten Handlungen mit der „Eichsfeld“. Motor an, Leinen los. Ablegen. Herzklopfen bei beiden. Manuel war so aufgeregt, dass er die „Eichsfeld“ nicht geradeaus steuern konnte. Sie drehte immer wieder mit dem Bug gegen die Spundwand. Also dann rückwärts. In einem riesigen Bogen fuhren sie in Richtung Schleusenkammer. Die „Eichsfeld“ war das einzige Boot, welches heute noch weiter wollte und demzufolge auch geschleust werden wollte. Vom Warteplatz bis zur Schleuse sind es bestimmt noch Mal fünfhundert Meter. Hier gilt eine Höchstgeschwindigkeit von sechs Kilometer pro Stunde. Manuel fuhr schneller. Das Schleusentor war in Sicht. In den Videos sah das nicht so gewaltig aus. Das Bauwerk war mehr als imposant. Manuel beeilte sich. Er wollte den Schleusenwärter nicht so lange warten lassen. Mit ordentlicher Geschwindigkeit fuhr er in die Schleusenkammer ein. Um einen günstigen Liegeplatz zu finden, fuhr Manuel erst links an die Betonmauer. Hier fand er keinen Halt. Rike stand freihändig auf dem Bug mit dem Seil bewaffnet und versuchte, die Leine um einen Poller zu werfen. Nicht getroffen. Ohne ein Wort drehte Manuel das Boot nach rechts, Rike stand immer noch vorn auf dem Bug und konnte sich gerade noch fest halten.

‚Gut, mit dem Seil das wird wohl nichts. ‘ dachte sie.

Den Bootshaken hatte Rike schon parat. Der Haken fand an der mit Stahl verstärkten runden Mauerkante keinen Halt. Beide sprachen während des gesamten Anlegemanövers kein

Wort miteinander. Jeder war mit sich selbst beschäftigt. Rike versuchte freihändig auf dem kleinen Bug das Gleichgewicht zu halten. Manuel war mit dem Steuern beschäftigt, so dass er Rike aus den Augen verlor. Nach einigen halsbrecherischen Manövern hatte Rike endlich das Seil um einen Poller bekommen. Und dieses Mal hielt sie es gut fest. Manuel hatte keine Chance, auch nur annähernd an den Poller zu kommen. Das Boot war mit nur einem Seil gesichert und dann ging es auch schon abwärts. Der Poller ging mit dem Wasserstand ebenfalls abwärts. So brauchte Rike das Umhängen des Seils nicht üben. Das Anlegen allein war schon schwierig genug. Da das Bug sich immer wieder gegen die Schleusenwand drehte, hielt sie es mit dem Fuß auf Abstand. So stand die „Eichsfeld“ ein wenig schräg auf dem Wasser. Da sie allein in der Schleuse waren, war das anscheinend nicht weiter tragisch. Für den Schleusenwärter, welcher hoch oben in seinem Wärterhaus sitzt und alles im Blick hat, war es wohl nicht schwer zu erkennen, dass die beiden Neulinge waren.

„Hallo Skipper, ich habe euch zugesehen und wirklich Sorge gehabt, dass ich deine Frau aus dem Wasser fischen muss. Ich habe noch ein paar Informationen. Zum einen, den Motor beim Schleusen ausschalten. Manch Schleusenwärter findet das gar nicht gut, wenn die Schraube weiterläuft. Bei Einfahrt in die Schleuse bitte immer gleich am ersten Schwimmpoller festmachen. Die Wasserbewegung beim Hochschleusen ist doch recht stark und es kann zu Verwirbelungen kommen, so dass es schwer wird, das Boot auf Position zu halten. Außerdem das Boot niemals fest verzurren. Also so, dass es im Notfall von dem Poller sofort abgenommen werden kann.“

Das wussten sie schon. Langsam viel die Anspannung ab.

„Beim nächsten Mal wird es besser“, sagte Manuel.

Das Schleusen an sich war kein Problem. Das Boot musste lediglich in Position gehalten werden, bis die Ampel auf Grün stand. Im Anschluss konnten sie aus der Kammer fahren. Weiter Richtung Uelzen und seinem Yachthafen. Sie bedankten sich mit einem Zeichen des Händedrucks beim Schleusenwärter.

Es dämmerte schon, als Manuel und Rike den Yachthafen erreichten. Der Hafenmeister Sommer empfing sie am Steg und half bei Festmachen. Wieder Anmelden, Liegegebühr entrichten und dann war Feierabend für heute. In der Gaststätte genossen sie ein leckeres Abendessen. Manuel eine Tonic dazu und Rike einen heißen Tee. Sie unterhielten sich noch mit dem Hafenmeister. Manuel erzählte von ihrem Missgeschick in der Schleuse. Herr Sommer gab den Tipp:

„Unter den großen Pollern für die Berufsschifffahrt sind jeweils kleine Schmale. Diese sind für Sportboote leichter zu erreichen.“

Das würden sie versuchen. An diesem Abend fielen beide völlig erschöpft in die Koje und schliefen sofort ein.

Am Vormittag kam wie versprochen Hafenmeister Sommer. Die beiden Männer unterhielten sich bei einer Tasse Kaffee angeregt. Rike saß dabei und lauschte der Unterhaltung. Herr Sommer war immer an einer netten Story interessiert, welche er bei den Arbeitsstunden den Vereinskameraden zum Besten geben konnte. Also frug er Manuel aus,

„Wie seid ihr auf den Gedanken gekommen, ein Boot zu kaufen? Ist es das Erste?“ Rike nickte und Manuel begann zu erzählen:

Zeit für Manuel und Rike

„Urlaub. Endlich. Rike und ich hatten eine wirklich harte Zeit hinter uns. Wer von euch kennt das nicht, das Stutenbeißen unter Frauen. Einen Chef, dem die Arbeitsleistung des Tages nie ausreichend ist und immer der Meinung, zu viel Lohn zu zahlen. Viel Arbeit und Ärger, kaum Zeit für Zärtlichkeit. Wir beide bekamen uns öfter in die Haare schon wegen Spinnweben oder dem Staub auf dem Schrank.

‚Rike, du musst beim Saubermachen auch mal nach oben schauen! Überall Spinnweben. ‘

Erholung und Kraft tanken war zwingend nötig. So weit weg wie möglich, dass keiner uns zur Arbeit holen konnte. Wasser und Berge wollten wir. Wir entschieden uns für den Bodensee. Das sind gleich zwei Dinge auf einmal. Am Montag standen wir sehr früh auf, packten unsere Taschen ins Auto und unseren Hund dazu. Er durfte auch in den Urlaub aber in die Pension. Die Fahrt allein ist schon wie Urlaub für uns. Der Weg ist das Ziel. Unterwegs gibt es schon so viel zu sehen. Vor allem auf der Autobahn. Wir spielen bei den Fahrten Kennzeichen Raten. In den Pausen einen Kaffee und einen leckeren Burger. Frau Navi hilft die richtigen Ausfahrten zu nehmen. Kannst du dich auch noch an die Autokarten aus Papier erinnern?“

Herr Sommer nickte zustimmend und sagte:

„Meiner Frau habe ich das Kartenlesen beigebracht. Aber wie viele Frauen hat sie es nicht mit rechts und links. Sie hat mich tatsächlich entgegen der Fahrtrichtung in eine Einbahnstraße geschickt. Der Strafzettel war uns sicher. Da lobe ich mir das Navi.“

Manuel übernahm wieder das Wort und erzählte weiter:

„So kamen wir nach Stunden am Urlaubsort an. In der Ferienwohnung wurden wir freundlich begrüßt und dann richteten wir uns ein. An einem Tag machten wir uns auf Richtung Berge. Mit der Seilbahn zum Aussichtspunkt schweben. Von oben das gewaltige Massiv der Alpen sehen, vielleicht auch Murmeltiere. Das wäre schon ein Highlight. Am Abend die Sonne hinter den Bergen verschwinden sehen oder einfach den Ausblick von hier oben genießen. Leider sahen wir nur Nebel.

Wir besuchten den Rheinfall bei Schaffhausen. Diese Gewalt des Wassers ist gigantisch. Die Ausflugsboote mit den Besuchern sahen aus wie Spielzeugboote. Auf dem Steg direkt über den Rhein bekommt der Besucher einen Eindruck von der Größe und der Kraft des Wassers. Die Brüstung war nass und glitschig. Wenn ich hier ins Wasser fallen würde, mich würde man nicht mal sehen. Hier kommt keiner mehr lebend ans Ufer. Zermalmt vom Wasser würde ich nach Monaten irgendwo hängen bleiben. Dann könnte man daraus einen Krimi machen. Der Tote vom Rheinfall.

Wir verbrachten viel gemeinsame Zeit und erkundeten die Gegend und ihre Sehenswürdigkeiten. Was eben Touristen so machen. Vor allem wollten wir uns das See - Nacht - Fest am Bodensee ansehen. Neben einem Rummel gab es über dem See Kunstflieger. An allen Ecken und Enden war Musik. Man konnte essen und trinken so viel in den Magen passte. Am meisten freute ich mich auf das große Feuerwerk in der Dunkelheit über dem See. Um einen möglichst günstigen Platz zu erhaschen, stellte ich mich bereits vor Sonnenuntergang ganz dicht an die Kaimauer, damit auch niemand Größeres mir die Sicht nehmen konnte. Ich beobachtete das Treiben auf dem See. Die Polizeiboote hatten alle Ruder voll zu tun, um die kleinen Boote rechtzeitig ans Ufer zu den Liegeplätzen zu schicken. Der Sonnenuntergang über dem See und die Möwen verzauberten mich. So stand ich geschlagene zwei Stunden bis ich mit einem gewaltigen Knall aus meiner Lethargie geweckt wurde.

Es war schon dunkel, als es ein zweites Mal knallte. Das war die Ankündigung für das Feuerwerk. Nach dem dritten Knall gingen bei allen Booten auf dem See die Lichter aus. Nun endlich begann das gigantische Feuerwerk. Riesige Fontänen kamen auf uns Zuschauer zu. Es hatte den Anschein, als ob die Raketen direkt auf die Menge am Ufer geschossen wurden. Und was für Raketen. In einer Synchronformation, wie ich es nur aus dem Fernsehen kenne. Die Farbbälle am Himmel wechselten gleichzeitig. Ich kann es kaum in Worte fassen. Das muss man einfach gesehen haben. Ich hatte gar nicht bemerkt, dass Rike plötzlich vor mir stand. Sie nahm mich in die Arme und gemeinsam genossen wir das Spektakel. Es war ein herrlicher Abend. Als das Feuerwerk zu Ende war, setzten die Signalhörner der großen Passagierschiffe und der kleinen Jollen zum Konzert an. Der ganze See war in den Rauch vom Feuerwerk und den Tönen der Fanfaren getaucht. Nach diesem Abschied gingen auf den Schiffen die Lichter wieder an und man konnte erkennen, wie viele es doch waren."

Herr Sommer frug: „Wart ihr auf deutscher Seite?"

Rike antwortete: „Nein, wir waren in der Schweiz." Und sie erzählte weiter, während Manuel seinen Kaffee trank: „Yvonne, wir lernten sie und ihren Mann bei einem netten Abendessen kennen, lud uns zum Segeln ein. Leider wurde daraus nichts, weil es genau an diesem Tag in Strömen regnete. Verschieben ging auch nicht, wir konnten das Boot nebst Skipper nur an diesem Tag bekommen. Schade.

Am nächsten Tag entdeckten wir einen Bootsverleih. Logisch, dass wir das probieren mussten. Das Wetter war traumhaft. Blauer Himmel, weiße Wolken und kaum ein

Lüftchen. Der Bodensee ist bekanntlich kein Schwimmbad. Deshalb stieg ich nur mit Rettungsweste ins Boot. Das kleine Bötchen von etwa zwei Metern Länge und einem Meter fünfzig Breite machte ordentliche Sätze auf den klitzekleinen Wellen und ich krallte sich sofort am Boot fest. Manuel ärgerte mich zusätzlich, indem er das Bötchen in raschen Kreisen über das Wasser jagte und hatte sichtlich Spaß dabei.

Eine Stunde auf dem See. Er erschien unendlich. Ich glaubte, die Krümmung der Erde sehen zu können. Wir drehten so einige Runden und ich konnte es langsam genießen. Von der Mitte des Sees sah man den Hafen nicht mehr. Bereits am nächsten Tag gönnten wir uns das Vergnügen noch einmal. Dieses Mal übernahm ich auch das Steuer und es machte wirklich Spaß. Der Ausflug selbst und die Videos waren der Auslöser für den Wunsch nach einem eigenen Boot.

Wieder zu Hause angekommen, stieg der Wunsch nach einem eigenen Boot wie zu einer Sucht. Ich kenne Manuel und weiß, dass er schnell zu etwas zu begeistern ist. Dafür war mir die Anschaffung zu teuer. Also überlegte ich, wie ich ihn davon abbringen konnte. Ein weiterer Grund war, mir wurde auf einem Ausflugsboot an der Ostsee unter Deck sehr übel. Also nichts für mich. Die großen Boote, wie wir sie am Bodensee sahen, waren für unser Budget unerreichbar.

Ich hatte einen Plan:

Ich überredete ihn zu einer weiteren Bootstour, wenn es ihm immer noch Spaß machen sollte, könnten wir darüber reden. Außerdem stellte ich sehr hohe Ansprüche an „unser“ Boot. Ich wollte einen Schlafplatz, eine kleine Küche wie unser Wohnwagen einst hatte und ein kleines Bad mit Toilette. Außerdem sollte unser Hund Norden auch mit uns Urlaub machen können. Dem zu folge konnte es nicht so ein kleines

Boot wie auf dem Bodensee werden. Manuel war sehr eifrig dabei, einen Bootsvermieter zu suchen, um die nächste Fahrt zu planen. Es sollte auch nicht so weit weg sein, schließlich wollten wir die Bootsfahrt genießen und nicht die Anreise. In unserer Gegend gibt es die Leine, die Werra, die Unstrut und die Weser als Ausweg. Auf der Leine fahren gar keine Boote, auf der Werra nur mit Muskelkraft, und nur bis Hann. Münden. Über die Unstrut fand ich bei Dr. Google nur etwas über den Weinbau. Also blieb wirklich nur die Weser. Wo gibt es Häfen, wo kann Mann ein Motorboot leihen. Mit diesen Dingen beschäftigte sich Manuel bevorzugt, wenn er von der Arbeit kam. Ich ließ ihn machen. Ich war mir sicher, diesen Plan wird er beizeiten verwerfen. Denkste. Nach nicht langer Zeit verkündete er mir, dass er einen Vermieter in Hamm gefunden habe. Bei ihm könnten wir einen ganzen Tag das Boot mieten und uns auf der Weser einen schönen Tag machen. Der Preis klang auch akzeptabel für einen ganzen Tag. Also los. Der Termin stand, Proviant packte ich ein und den obligatorischen Kaffee. Die Anfahrt war kein Problem. Nach einigen Stunden kamen wir bei dem Vermieter und seinem Anleger an. Wir bekamen eine genaue Einweisung in das Boot und seine Bedienung. Auch hier war mir zum Fürchten. Wasser ist und bleibt nicht mein Element. So bestand ich vor dem Einsteigen erneut auf einer Schwimmweste. Kein Problem. Ich brauchte auch hier wieder die Hilfe des Fachmanns, um dieses sperrige Teil um mich herum zu wickeln. Auch das schafften wir. Bevor wir aber nun den Tag genießen konnten, es war sehr schönes Wetter vorher gesagt, erklärte uns der Vermieter, dass wir lediglich bis zum Kraftwerk fahren konnten. Es war Niedrigwasser.

Die Gegenrichtung konnten wir ebenfalls nicht nutzen, da ein Wehr die Strecke abschneidet und für Landeier wie wir nicht nutzbar ist. Pech gehabt. Wir genossen trotzdem die Fahrt. Die Weser hin und her. Mehr war nicht drin. Wir wechselten auch ab. Schließlich ist unsere Devise, was Manuel fährt, das fahre ich auch. Hauptsache es hat einen Motor und einen Auspuff. Ich hatte sichtlich Spaß. Das Boot machte ordentlich Speed. Manuel machte wie immer kleine Videosequenzen und Fotos. Die Angst verflog mit dem Wind. Ich genoss die Zeit. Nach etwa zwei Stunden hatten wir jeden Baum und jeden Stein mehrfach besucht und entschlossen uns, das Boot wieder abzugeben. Der Wunsch nach einem eigenen Boot stieg weiter. Ich gab immer wieder zu bedenken, dass wir uns das nicht leisten können, ich große Ansprüche habe und wir in unserer Gegend das Boot nicht so oft nutzen könnten wie wir es gern würden. Es würde die meiste Zeit irgendwo herum stehen, weil wir gar nicht so viel Urlaub hätten. Das irgendwo war auch ein Thema. Wo sollte es bleiben zum Beispiel im Winter? All das interessierte Manuel nicht. Für alles gab es eine Lösung."

Beide hatten noch so viel zu erzählen, der Hafenmeister aber drängte zum Aufbruch. Er hatte seiner Frau versprochen, spätestens in einer Stunde wieder zu Hause zu sein. Hafenmeister Sommer fuhr mit Manuel zu einer nahe gelegenen Tankstelle um Benzin zu kaufen. In Wittingen war zwar eine Bunkerstation, dort gab es lediglich Diesel und auch nur in großen Mengen mit großen Zapfpistolen. Also für die Berufsschiffer. Sportbootfahrer sind auf nette hilfsbereite Menschen angewiesen. Gottseidank gibt es die auch heute noch. Auch das Trinkgeld lehnte der Hafenmeister Sommer dankend ab. Es gehöre zum Service seiner Gäste.

Auch Manuel und Rike machten ihre „Eichsfeld" klar und legten ab Richtung Heimat. Unterwegs machten sie einen Plan für die Schleuse. Also: zuerst sollte Rike das Seil um den kleinen Poller mit dem Bootshaken legen, dann das Seil locker halten, bis Manuel so weit nach vorn gefahren ist, um das Seil ebenfalls um den Poller zu legen. Erst dann und auf seine Anweisung sollte sie das Seil straff ziehen. So wollten sie in Zukunft immer anlegen, egal wann, egal wo.

Nun stand die Uelzener Schleuse auf dem Programm. Das Anlegen an der Wartestelle klappte heute Morgen perfekt. Manuel wies den Schleusenwärter darauf hin, etwas Nachsicht zu haben da sie das noch nicht perfekt können. In der Schleuse legten sie wie Profis an. Stolz wie die Spanier fuhren sie aus der Schleuse. Der Plan war aufgegangen. Sie fuhren dieselbe Strecke zurück. Sie wollten wissen, wie weit sie an einem Tag fahren können. So fuhren sie und fuhren sie. An diesem Tag genossen sie die Wärme der Sonne.

Wieder vorbei an Bad Bodenteich und Wittingen. Es gab unterwegs Knuften. Während Rike die „Eichsfeld“ steuerte, machte Manuel für sie eine Kleinigkeit zu essen. Rike hatte zu Hause unter anderem Gehacktes Klößchen und gekochte Eier als Proviant eingepackt. Nun bekam sie auf dem Kapitänsstuhl Happen weise von Manuel Klößchen, Brot und Ei zu essen. Sie brauchte nur noch kauen und schlucken. Das war echt lieb.

Nach Stunden erreichten sie den Abzweig zum Mittellandkanal. Von hier aus war es nicht mehr weit bis Wendeburg. Christoph hatte an diesem Abend nichts vor und so vereinbarten die Männer für den Abend das Abholen.

Das Boot aus dem Wasser holen, verlief ohne Probleme. Nach weiteren zwei Stunden kamen sie müde und mit einem heftigen Sonnenbrand im Gesicht zu Hause an. Noch schnell das Wichtigste ausladen, ab ins Bett und mit Norden kuscheln. Alles andere hatte Zeit bis zum nächsten Tag. Auch die Versorgung des Sonnenbrandes.

Es war ein wirklich schönes Osterwochenende. Manuel und Rike wurden sicherer und lernten nette Menschen kennen. Gegen den kalten Fahrtwind planten sie eine Frontscheibe. Auch von den Seiten her war es sehr kalt. Alle anderen Yachten hatten ein Verdeck. Das würden sie sich auch besorgen. Nachdem sie die Preise gesehen hatten und mit bekamen, dass so ein Verdeck eine Maßanfertigung war, beschlossen sie das in Eigenregie zu bauen. Schließlich hatte Rike eine Nähmaschine.

Sommerurlaub

Jetzt war es wirklich soweit. Rike und Manuel genehmigten sich zwei Wochen Urlaub auf ihrer „Eichsfeld". Der Härtetest. Sie wollten auf die Ostsee und dann weiter nach Fehmarn. Einmal auf der Ostsee um die Insel herum schippern. Um diese Route fahren zu können, sollte das Wetter schon mitspielen. Für die gesamten vierzehn Tage war das Wetter durchwachsen und kühl mit Regenschauern vorher gesagt. Sie waren sich bis zum Abreisetag nicht schlüssig. Also erst mal los fahren.

Christoph begleitete die beiden nach Wendeburg. Er war wieder bereit, sich um Norden zu kümmern und sie wieder abzuholen. Manuel und Christoph setzten die „Eichsfeld" ins Wasser, beluden sie mit besonders viel Proviant, Wasser und Benzin und dann hieß es Vor - und Achterleine los. Rike und Manuel waren schon sehr geübt und alles lief ohne Probleme. Noch einmal winken, dann fuhren sie den Mittellandkanal gen Osten zum Abzweig Elbe – Seitenkanal.

Christoph fuhr mit Auto und Trailer Richtung Heimat und übernahm wieder gern das Home Sitting nebst Tierversorgung. Die Nächte über blieb Christoph bei Norden, dem Hund von Rike und hütete das Haus und die beiden Schafe Moppl und Clayderman oder besser Kleiner Mann. Rike gab ihren Lämmern schon lange keine richtigen Namen mehr. Sie rief ihre Tiere ohnehin nur mit einem Schnalzen der Zunge. Von weitem hörten sie Rike und wussten, jetzt bekommen wir was Leckeres zu futtern. In jedem Jahr wurden die Lämmer verkauft. Wer denkt, dass man davon reich wird, hat sich getäuscht. Es ist eher ein Taschengeld für die Aufzucht und Pflege. Aber Rike und Manuel hatten wirklich ihre Freude an den Tieren. Wenn in jedem Winter die Lämmchen geboren werden und neues Leben das Licht der Welt erblickt, wem geht da nicht das Herz auf. Kleiner Mann war Moppls Söhnchen. Rosa, das Muttertier – sie hatte einen rosaroten Punkt auf der Stirn, als Rike und Manuel sie kauften – und das Brüderchen Baby überlebten nicht. Ehe die Tierärztin vor Ort sein konnte, war Rosa bereits verstorben. Kein schöner Anblick, Rike konnte nichts machen, außer bei ihr bleiben. Sie litt sehr bei dem Anblick. Noch schlimmer, als sie am nächsten Tag auf die Sommerweide kam, war auch eines der beiden Lämmer verendet. Die Tierärztin vermutete eine Vergiftung. Die Sommerweide wurde aufgegeben und Manuel und Rike holten die Jungs nach Hause. Auf der heimischen Wiese konnte ihnen nichts passieren. Die beiden Jungs blieben allein in diesem Sommer.

Irgendwann schickte Christoph ein Foto von ihrem Hund. Norden war kaum wieder zu erkennen. Ein dunkles verschlammtes Tier mit der Frage darunter:

„Ne Idee, wie ich den wieder sauber kriege?"

Norden hatte ein Schlammbad genommen. Er badete sehr gern. Rike hatte jedes Mal Diskussionen mit ihm, wenn sie am Flüsschen Leine spazieren gingen oder im nahen Wald im Bach noch Wasser fließt. Wie das aussieht, wenn Norden mit Rike diskutiert? Norden setzt sich auf sein gewaltiges Hinterteil und dreht den Kopf weg, als sei Rike überhaupt nicht anwesend. Wenn ihm ihr Gerede reicht, legt er sich hin und scheint zu denken:

‚Und was machst du jetzt?! ‘ Mal gewinnt er und mal Rike. Sind sie mit dem Auto unterwegs und er war baden, wird er nur durch seinen eigenen Schleudergang trocken genug, um dass er nicht mehr tropft. Rikes Auto hat dann seine ganz eigene Duftnote. Er könnte zum Trocknen mit ins Haus. Norden hat die Angewohnheit, nach dem Spazierengehen auf dem Hof noch ein bisschen im Sand zu buddeln. So sieht er dann aus. Nass und dreckig. Duschen lässt er sich nicht. Hier gewinnt immer Norden. Also muss er draußen trocken werden.

Die Strecke bis zum Elbe - Seitenkanal kannten Rike und Manuel schon. Sie hatten inzwischen Kartenmaterial für den gesamten Mittellandkanal und den Elbe - Seitenkanal. Für diesen Kanal brauchten sie keine Karte mehr, zumindest bis Uelzen. Das Wetter war durchwachsen genau wie die Vorhersage es ankündigte. Sonne und Wolken wechselten sich ab. Es war kalt und windig. Die Frontscheibe, als auch das Camper Verdeck hielten einiges an Wind ab, trotzdem hätte Rike wieder die Winterjacke gebaucht. Warum sie immer der Meinung war, es sei auf einem Boot warm? Rike sollte es besser wissen, schließlich war es nicht die erste Fahrt. Wenigstens hatte sie eine Regenjacke dabei.

Namensgebung

Am Abzweig zum Elbe - Seitenkanal überlegten sie, ob Rike und Manuel das Vorhaben zur Ostsee zu fahren, in die Tat umsetzen sollten. Der Wetterbericht für die nächsten Tage verhieß nichts Gutes. Kurz entschlossen fuhren sie weiter Richtung Osten auf dem Mittellandkanal. Jetzt wurde es interessant. Was weiterhin am Kanal fehlt, sind Imbissbuden. Weit und breit nichts. So fuhren sie und fuhren und versorgten sich mit ihrem Proviant. Gegen Abend sahen sie eine Gaststätte am Ufer. Rike und Manuel wollten sich eine leckere Pizza und ein Brause genehmigen und gingen noch ein kurzes Stückchen am Kanal spazieren. Am Anleger war auch ein Binnenschiff verzurrt.

Es war die „Jorgos“ mit seiner Besatzung auf dem Weg nach Polen zurück. Die „Jorgos“ hatte Schrott geladen. Auch der Kapitän Damian vertrat sich ein wenig die Füße und war auf dem Weg, zum Abendessen. Also taten Rike und Manuel sich mit dem Kapitän der „Jorgos“ zusammen und verbrachten den Abend gemeinsam. Kapitän Damian erzählte, dass er auf dem Heimweg sein, um seine Familie zu holen. Die nächste Tour nach Frankreich wollten sie mit den Kindern gemeinsam fahren. Die Kinder hatten Schulferien. Nach Frankreich wollte die Tochter schon lange. Vielleicht nach Paris. Das war ihr Wunsch. Nun passten die Tour und die Zeit, dann wollte Damian ihr den Wunsch erfüllen. Er hatte auf dem Weg in die Gaststätte den Namen des Bootes von Rike und Manuel entdeckt. Nach dem sie ihre Bestellung aufgegeben hatten, wollte er es nun genau wissen:

„Wo kommt ihr her? Was ist das für ein Name?“

Jetzt war Rike in ihrem Element und begann zur erzählen:

„Ich bin gebürtige Eichsfelderin. Selbst meine Großeltern wuchsen hier auf. Manuel zog mit den Eltern in den Landstrich, als er ein Teenager war. Wir lernten uns hier kennen und lieben. Nur zu meiner Ausbildung war ich in der Fremde. Es zog mich wieder nach Hause.

Das „Eichsfeld" [regional-mundartlich: ˈaɪksfɛlt] war ein historisches Territorium und ist eine heutige Kulturlandschaft im südöstlichen Niedersachsen, im nordwestlichen Thüringen und im nordöstlichen Hessen zwischen Harz und Werra. Die größten Orte des Eichsfelds sind die Städte Dingelstädt, Duderstadt, Heiligenstadt und Leinefelde-Worbis sowie der Flecken Gieboldehausen.

Das „Eichsfeld" ist eine Region im Herzen Deutschlands. Die Dörfer und Kleinstädte kuscheln sich an die sanften Hügel dieses Landstrichs.

Die Region ist katholisch geprägt, was in Thüringen die Minderheit ist. Eine Besonderheit ist die alljährliche Palmsonntagsprozession. Wie der Name bereits verrät, findet sie am Sonntag vor Ostern statt. Es werden die Bilder in überlebensgroßen Figuren durch die Altstadt getragen, welche den Leidensweg Christi darstellen. Der Weg der Prozession ist österlich geschmückt. Die Träger der Bilder sind traditionell in schwarzen Anzügen mit Zylindern gekleidet und nebenher gehen Jungen und Mädchen, welche die Ablagestempel tragen. Neben der Darstellung des Grabes Christi gehen zusätzlich Jugendliche mit Fackeln. Wenn der Zug zum Stehen kommt, werden die Bilder auf die Stempeln abgestellt. In jedem Jahr kommen viele tausend Menschen, um gemeinsam zu beten und in der Prozession mit zugehen. Diese Prozession ist bis jetzt in den vier Jahrhunderten nur drei Mal ausgefallen. Die Presse und auch das Fernsehen berichten in jedem Jahr darüber. Die Palmsonntagsprozession ist immaterielles Kulturerbe.

Ausflugsziele in naher Umgebung von Heiligenstadt sind das Forsthaus und der „Neun Brunnen“. Beide sind im nahen Wald gelegen und bieten vorbildlich ausgewiesene Wanderwege. Leider ist die Gastronomie nicht täglich geöffnet, der „Neun Brunnen“ nach einem schweren Brand im Wiederaufbau. Mit einem Picknick in der Natur ist das Wandern im Eichsfeld sehr erholsam. Zudem gibt es viele kleine Wallfahrtskapellen.

Eigentlich sollte das „Eichsfeld“ nach dem 2. Weltkrieg den Westalliierten zugesprochen werden. Die damalige UDSSR hatte andere Pläne.

Das Wanfrieder Abkommen vom 17. September 1945 war ein Vertrag im besetzten Deutschland nach dem Zweiten Weltkrieg. Gegenstand war ein Gebietstausch zwischen der US-amerikanischen und der Sowjetischen Besatzungszone. Die Grenzveränderung wurde notwendig, weil die Bahnstrecke Bebra–Göttingen auf einem kurzen Abschnitt durch die Sowjetische Besatzungszone verlief. Namensgebend für das Abkommen war der Verhandlungsort Wanfried. Das „Eichsfeld“ war zerrissen, wächst nun wieder langsam zusammen wie ganz Deutschland.

Jedes Boot hat doch einen Rufnamen. Wie das mit den Namen so ist, das dauert am längsten und immer wieder wurden die Vorschläge abgewogen und verworfen. Der Name sollte etwas mit unserer Herkunft zu tun haben. Manuel sein Vorschlag gefiel am Ende am besten. Das Boot bekam den Namen ,“Eichsfeld“. Standesgemäß erhielt es eine kleine Fahne mit dem Wappen.

Das Flüsschen Leine entspringt in diesem Landstrich und wird in Niedersachsen zu einem Fluss welcher eingeschränkt schiffbar ist. Kennst du den Fluss?“

Damian schüttelte den Kopf.

Rike erzählte voller Elan weiter:

„Die Leine entspringt im Süden des thüringischen Eichsfelds in Leinefelde, heute Teil der Gemeinde Leinefelde-Worbis. Genannt werden sieben bis zwölf unterschiedlich ergiebige Quellen im Ort.

Selbst hier am Ursprung kann die kleine Leine schon gewaltig werden. Mehr als einmal zeigte sie schon, welche Kraft in ihr steckt, wenn sie Hochwasser führt. Außerhalb der Hauptstadt vom Eichsfeld, in Heilbad Heiligenstadt überschwemmte sie schon das Klärwerk. Den Heinrich Heine Park in Heiligenstadt traf es bei jedem Hochwasser schwer. Dieser grenzt südlich an die Leine und liegt in einer Senke. Das schicke Schwanenhäuschen fand sich weit vom gleichnamigen Teich entfernt wieder. Das ist bereits viele Jahrzehnte her. Seit dem wurde viel für den Hochwasserschutz getan."

Hochwasser

Manuel unterbrach gern und erzählte:

„In die Leine münden viele kleine Bäche, welche in den Wäldern des Eichsfeldes ihre Quellen haben. Stell dir vor, unser Dorf erwischte ein Hochwasser auch an einem Augusttag.

Es goss es wie aus Eimern. Ich sah noch nie den Regen so über die Kante der Dächer schießen. Wie in einem Vorhang aus Wasser waren die Häuser dahinter verschwunden. Fasziniert schauten Rike und ich aus dem Fenster. Langsam stieg das Wasser auf der Hauptstraße an.

‚Wenn es so weiter schüttet, steht das Wasser bald auf dem Bürgersteig.' sagte Rike zu mir. Und tatsächlich, das Wasser nahm den Bürgersteig ein. Unser Haus steht ebenfalls direkt an der Straße. Ein Kellergeschoss gibt es nicht, eine Treppe in das Haus auch nicht. Es ist alles ebenerdig und auf Sandstein gebaut, wie viele andere Häuser in dieser Gegend. Unruhig lief ich von einem zu anderen Fenster. Das Wasser erklomm den Bürgersteig auf unserer Straßenseite. In diesem Moment bekam Rike Panik. Barfuß und mit der Arbeitsjacke bekleidet rannte sie raus, schnappte sich den Besen und fing an, vor dem Carport das Wasser auf die Straße zu fegen. Immer hysterischer wurde sie. Je mehr sie fegte, umso mehr kam entgegen. Ich war gleich hinter ihr. Ich sagte, dass das zwecklos sei. Sie aber weiter verbissen beim Wasserfegen antwortete:

‚Ich muss was tun, das Wasser von der Haustür wegfegen. Es läuft gleich zur Haustür rein. '

Sie ließ sich nicht beirren.

‚Rike lass es! Es bringt doch nichts! ' fuhr ich sie an.

‚Barfuß auch noch, geht's noch? Zieh dir was an die Füße, du siehst nicht, wo du hin trittst! '

‚Ich kann jetzt nicht weg hier. Ich muss das Wasser weg halten! ‘ antwortete Rike.

Ich nahm ihr den Besen aus der Hand und schickte sie sofort zum Stiefel anziehen. In der Zwischenzeit holte ich zwei große Balken, welche vom Bau unseres Carports übrig geblieben waren. Diese legte ich quer vor die Haustür, dass das Wasser umgeleitet wurde. Erst reichte ein Balken, das Wasser stieg, den Zweiten noch oben drauf. Auf die beiden Balken stellten wir uns, damit sie nicht vom Wasser davon getragen würden. Ein drittes kurzes Stück fand ich noch in der Werkstatt. Auch noch oben drauf. Mehr konnten wir nicht machen. Es schüttete noch immer. Die Feuerwehr war inzwischen mit ihren Fahrzeugen eingetroffen. Das kleine Einsatzfahrzeug schaffte es noch bis in die nächste Kurve, dann stand es bis zur Hälfte im Wasser. Sie wollten wahrscheinlich zum Gerätehaus, doch das Wasser war schneller. Einer der Feuerwehrmänner war direkt hinter dem Einsatzfahrzeug, sein PKW versank ebenfalls in der Flut. Das Wasser schoss unter der kleinen Brücke hindurch, welche beide Straßenseiten miteinander verbindet. Es sah aus wie ein riesiger Springbrunnen. Es dauerte nur einen Moment, dann war von der Brücke nichts mehr zu sehen. Die großen Wehrfahrzeuge fuhren mit einer Geschwindigkeit Richtung Dorfmitte, dass die Flut nun doch unsere Haustür erreichte. Ich brüllte die Fahrer an, sie sollen langsam fahren. Die waren so erschrocken, dass sie sofort das Tempo reduzierten. Unsere Nachbarn – Familie Schmidt - schräg gegenüber kämpften mit einem Brett gegen das Wasser. Sie versuchten es senkrecht gegen die Flut zu stellen, selbst mit fünf Personen hatten sie keine Chance. Immer drückte das Wasser das Brett weg. Bei uns konnten wir nichts mehr ausrichten und so versuchte Rike über die Straße zu gehen, um eventuell helfen zu können.

Sie stand noch nicht mit beiden Beinen auf der Straße, da lag sie auch schon im Wasser. Das Wasser begann sie mitzunehmen. Das Wasser war rund herum. Lediglich das Gesicht schaute noch heraus."

„So schnell konnte ich nicht realisieren, was geschehen war. Manuel riss mich von der Straße und aus dem Wasser." warf Rike ein.

Und Manuel erzählte weiter. Auch nach so langer Zeit merkte man ihm die Aufregung in der Erzählung an.

„Es blieb nichts weiter, als zu beobachten. Völlig durchnässt und irritiert saß Rike auf dem Balken vor unserem Haus. Was da alles angeschwommen kam. Jede Menge Pflastersteine brachte die Flut mit. Kleine Bäume, große Äste, eine Mülltonne, Besen, Gartengeräte und Plastikeimer. Eine kleine schwarze Katze schwamm schreiend und wild planschend vorbei. Rike stand fast wieder auf der Straße, als ich sie gerade noch an der Kapuze packen konnte.

‚Du wirst nicht schon wieder ins Wasser wollen?! Habe ich dich nicht eben erst vor dem Ertrinken gerettet?! '

‚Das Kätzchen ertrinkt.' erwiderte Rike.

‚Ehe du die Katze erreicht hast, bist DU ersoffen! Bleib gefälligst hier jetzt! Die Katze kommt schon zurecht. Die mögen zwar kein Wasser, können aber ein bisschen schwimmen. ' schimpfte ich mit Rike. Und wirklich, nicht weit von uns war ein großer Ast am Straßenschild hängen geblieben. Auf diesen rettete sich das kleine schwarze Kätzchen. Sie schrie nun nicht mehr, miaute klagend vor sich.

Nach einer ganzen Weile und als das Wasser etwas abgeflossen war, sah ich meinen Schwager Klaus in seiner Wathose zu seinen Nachbarn gegenüber sich durch das Wasser kämpfen. Dort musste es wirklich schlimm sein. An dieser Stelle waren auch die beiden Autos im Wasser liegen geblieben. Nach etwa drei Stunden war der ganze Spuck vorbei, das Wasser abgelaufen, als Judith, meine Kollegin, welche gerade von der Arbeit kam erzählte, wie es in Richtung Leine aussah. Auf den Wiesen am Bach grasten stets Kühe. Genau diese standen bis zum Hals im Wasser. In dieser Senke hatte sich die ganze Flut aus dem Dorf und den umliegenden Feldern gesammelt. Sie machte die Männer der Feuerwehr darauf aufmerksam und diese fuhren sofort dorthin. Unsere Schafe?! Die werden oben am Berg sein, sagten wir uns und Norden ohnehin im Haus.

Es ging nun ans Saubermachen und die Begutachtung der Schäden. Unser Haus blieb dank meinem Einfall wirklich trocken. Die kleine schwarze Katze war inzwischen nicht mehr da. Ich hatte sie aus den Augen verloren. Hoffentlich geht es ihr gut und sie hat ein trockenes Plätzchen gefunden, dachte ich. Die Nebengebäude standen etwas unter Wasser. Kein Vergleich zu den Schäden bei den beiden Grundstücken neben der Brücke. Bei Simons war die gesamte Heizungsanlage überflutet. Alles ist kaputt und voller Schlamm. Gegenüber bei Kollenbergs stand es nicht ganz so schlimm. Hier waren das Waschhaus und die Nebengebäude unter Wasser. Die Feuerwehr war mit den leistungsstarken Pumpen im Einsatz. Sie frugen bei allen Einwohnern, ob Hilfe nötig sei. Wir bekamen auch Hilfe beim Ausschöpfen unserer Werkstatt von Manuels Freund Bernhard. Hier stand es etwa zwanzig Zentimeter hoch. Die Geräte nahmen gottlob keinen Schaden. Und der Stall? Wie sieht es dort aus? Als ich den Stall überprüfte, schauten mich zwei Paar Augen aus bis zum Bauch im Wasser stehende Schafe an. Sie waren völlig irritiert. Da es nicht mehr regnete, schaffte ich die Schafe aus dem Stall nach oben auf die Wiese. Hier konnten wir heute Abend nichts mehr ausrichten. Die Einstreu, das Stroh und Heu nebst Mist der Schafe mit dem Sand des Berges gemischt, alles eine Pampe. Ich schaute nach oben wo Heu und Stroh lagerten. Das war trocken geblieben, das Dach war dicht. Im Dunkeln schauten mich von dort oben 2 schwefelgelbe Augen an. Ja Wahnsinn. Das Kätzchen lebt und ist gesund. Warm hat es das Tierchen dort auch.“

Damian hörte interessiert zu.

„Da habt ihr wirklich mehr als einen Schutzengel gehabt.“ antwortete er.

Nach einigen Stunden mit vollem Bauch und müde, verabschiedete sich Damian, er müsse morgen sehr früh los, damit er in fünf Tagen zu Hause sei. Die drei verabredeten sich zu einem netten Plausch, wenn sie sich mal wieder begegnen würden.

Am nächsten Morgen war die „Jorgos“ nicht mehr da. Rike und Manuel fuhren weiter gen Osten. Die erste Schleuse, „Doppelschleuse Sülfeld“ stand gleich heute auf dem Programm. Diese Schleuse ist eine der kleinen Schleusen mit nur neun Metern Hubhöhe. Vor ihnen stand die „ANNA Sophia“. Sie ist gegen die „Eichsfeld“ ein Riese.

Am diesem Nachmittag erreichten Rike und Manuel die Marina Haldensleben. Die Hafenmeisterei ist erst ab siebzehn Uhr besetzt. Anlegen kann man trotzdem und Strom gibt es dank der Wertmarken ebenfalls, welche an der Kasse des Vertrauens zu erhalten sind. Auf dem Kartenmaterial gibt es für diesen Hafen ein Piktogramm für Speisen und Getränke. Denkste. Die Gaststätte ist seit Jahren geschlossen. Der Hafen ist wirklich gepflegt und die Hafenmeisterin ist eine sehr nette Frau. Manuel plauderte gern mit ihr. Von ihr erfuhr er, wo man einkaufen kann, woher man Benzin bekommt und wo man was besichtigen kann. So gingen sie ein bisschen das Städtchen erkunden.

Es bestand die Möglichkeit, sich Essen an den Steg liefern zu lassen, wenn man die eigenen Knuften nicht mag und keine Lust zum Kochen hat. Das taten sie auch. Der örtliche Lieferservice brachte Pasta mit Spinat und Lachs, überbacken mit Käse. Als Manuel ihr Abendessen am Steg abholte, sah er die „ANNA Sophia". Auch ihre Besatzung hatte sich „Essen auf Rädern" bestellt. So kamen sie ins Gespräch. Kurzer Hand beschlossen sie, gemeinsam das Essen auf der „ANNA Sophia" zu genießen. Dazu einen guten Schluck Wein und einen netten Plausch. Die Besatzung bestand ebenfalls aus einem Paar im selben Alter. So ergab sich recht schnell eine angeregte Unterhaltung. Der Wein lockerte die Stimmung und die Hemmung.

Michael, der Skipper der „ANNA Sophia" erzählte, dass er und seine Frau Dorothee aus Potsdam seien und nun auf dem Heimweg dorthin zurück. Sie hatten den Elbe Seiten Kanal bis Lübeck befahren und sich dort die Sehenswürdigkeiten inklusive dem Marzipanmuseum im Kaffee Niederegger angeschaut. Dorothee schwärmte von diesem Kaffee und dem Museum. Rike liebt Marzipan, also lauschte sie sehr aufmerksam. Während Dorothee von der Zucker - und der Mandelsäule schwärmte, servierte sie einige Kostproben des riesigen Vorrates ihres Marzipans.

„Warum hast du so viel eingekauft? Damit kannst du eine ganze Kompanie versorgen." frug Rike.

„Wir haben sechs Enkelkinder. Alle mögen dieses Marzipan. Für unsere Nachbarin sollte ich ebenfalls einen Vorrat mitbringen. Du siehst, so viel bleibt für uns nicht übrig." antwortete sie. Es war wirklich lecker. Rike konnte nicht anders, als diese Köstlichkeit zu probieren. Dorothee erzählte, sie seien bis Lübeck vier Wochen unterwegs gewesen, da sie sich viel Zeit nahmen. Dorothee war eine attraktive schlanke Frau mit blonden schulterlangen Haaren. Rike war nicht entgangen, dass Manuel sich für sie interessierte. Auch sie schien Gefallen an ihm zu finden. ‚Was soll`s', dachte Rike, ‚Morgen fahren wir weiter, wir werden uns wahrscheinlich nie mehr wieder sehen. '

Sie ließ ihm den Spaß. Michael war eher von der stillen Herrenwelt. Manuel und Dorothee unterhielten die Pärchen den ganzen Abend. Manuel erzählte, dass es der erste lange Urlaub auf der „Eichsfeld", überhaupt auf einem Boot sei. Ab und an konnten Michael und Rike einen kleinen Beitrag zur Unterhaltung beifügen. Manuel erzählte voller Stolz von ihrer „Eichsfeld" und der vielen Arbeit, welche er in diese ehemalige Segeljolle investierte. Dorothee gab wertvolle Ratschläge über einen Bootsurlaub und erzählte, dass sie den ersten Urlaub auf einem Charterboot machten. In dieser Zeit wuchs auch bei ihnen der Wunsch nach einem eigenen Boot.

„Rike, wie war das bei Euch? Wie seid ihr an dieses Schmuckstück gekommen?" wollte Michael wissen.

Rike erzählte, wie aus dem Wunsch Realität wurde:

„Wir hatten uns entschieden, ein Boot zu kaufen. Natürlich hatte ich auch Ansprüche an unser Boot. Es sollte einen Platz zum Schlafen haben, also eine Kajüte. Zum anderen wollte ich unseren Hund mitnehmen, also musste es groß genug sein. Die Entscheidung in die Tat umzusetzen ging dank einer Versteigerungsplattform wirklich schnell.

Als ich eines Morgens aufstand, verkündete Manuel, er habe ein Segelboot ersteigert mit Motor und Trailer. Es sei wirklich groß, damit könnten wir gemeinsam Urlaub machen. Meine Frage, ob unser Kaukase Norden auch mit kann, beantwortete er mit ja, es sei mit sechs Metern groß genug. Eine Kabine zum Schlafen habe es auch wie ich es mir wünschte. Camping auf dem Wasser. Es kann losgehen. Nur, so einfach war es nicht. Der Trailer hatte keinen TÜV mehr, konnte also nicht einfach an unser Auto angehängt werden. Hm. Wir mieteten einen Autoanhänger und fuhren los. Die Hinfahrt war kein Problem. Manuel ist ein versierter Autofahrer und kennt sich auf Deutschlands Autobahnen aus. Den Weg zu finden, half die freundliche Frau Navi.

Wenn man nicht zu schnell unterwegs ist, kann man sich gut auf sie verlassen. Nach einigen Stunden kamen wir an. Der nette Verkäufer, Herr Sıvas führte uns auf den Hinterhof einer Wohnsiedlung. Nun standen wir vor unserer Errungenschaft. Oh - Gott. Dachte ich. Es war ein heilloses Durcheinander, dreckig, kaputt und wüst. Irgendwie hatte ich es vom Foto größer in Erinnerung. Ja, Frauen und Größenvergleiche, das passt nicht unbedingt. Manuel meinte, es seien schon sechs Meter. Der Blick ins Innere des „Bootes“ verhieß auch nicht mehr Freude. Ich mochte nichts anfassen. Nun gut, Manuel hatte es gekauft. Das Schätzchen musste auf den Autoanhänger. Mein Gott war das Gefährt schwer. Ach ja, die

Bremsen vom Trailer waren eingerostet. Deshalb ließ es sich so schwer schieben. Herr Sıvas holte noch jemanden aus dem Haus und zu viert schoben und zogen wir das Schätzchen auf den Anhänger. Von irgendwo aus dem Boot kam jede Menge Wasser gelaufen, daher das Gewicht. Also dicht schien es zu sein wenn das Wasser drin blieb. Irgendwie war es dann oben. Das war ein Geschoß. Also, wenn ich heute neben unserem getrailerten Boot stehe, überragt es mich bei meinem einen Meter sechzig bestimmt um einen halben Meter. Damals waren noch die gesamte Takelage und der umgelegte sieben Meter lange Mast als Aufbau oben drauf.

Ordentlich verzurren und hoffen, dass alles beieinander bleibt und keine Polizei auf der Heimfahrt nach uns sehen möchte. Manuel ist ein absoluter Optimist. Er meinte, es sei alles gut fest und sei auch so erlaubt. Nun gut. Dann ab nach Hause.

Wenn die großen Laster an uns Schleichern vorbei zogen, wackelte das Gefährt schon ganz ordentlich. Ständig ging der Blick nach hinten. Wir ernteten auch verwunderte Blicke, als wir bei unserem Lieblingsversorger für unterwegs Rast machten. So eine Fracht bekommt man nicht oft zusehen, nehme ich mal an. Ich würde mich auch danach umdrehen.

Nach einer Ewigkeit kamen wir endlich zu Hause an. Das Abladen erfolgte unter den zuschauenden Nachbarn recht schnell. Nun stand diese Armseligkeit gegen über unserem Haus auf der Wiese. Es war ein jämmerlicher Anblick. Auch oberflächliches Putzen machte den Anblick nicht besser. Nur gut, dass wir verständnisvolle Nachbarn haben. Sie kennen unsere stetig wechselnden Interessen schon und gewöhnten sich an den Anblick.

Auf der Wiese konnte Manuel nicht viel machen. Er musste das Boot in einen Unterstand bekommen, am liebsten in unsere Doppelgarage. Eigentlich stehen dort gut behütet unsere Autos und das geliebte Quad. Das Boot passt definitiv nicht mit rein. Kurzer Hand Autos raus, von den Maßen sollte das Boot rein passen. Wir starteten einen Versuch. Siehe da. Quer passte es rein. Jetzt hatten wir zwar keinen Platz mehr für unsere Autos aber unser Boot stand in der großen Doppelgarage. Als Erstes wurde mal alles aus geräumt. Was da alles zum Vorschein kam. Dem Aussehen nach lagen die Sachen seit Neunzehnhundertzwieback in der Jolle. Besteck, jede Menge Taue und Leinen, etliche rote Benzinkanister aus Metall (die können wir gut brauchen dachte ich), ein alter Rettungsring, jede Menge Fender in verschiedenen Größen und Farbe, ein Bootshaken und vier Paddel. ‚Wozu Paddel? ‘ fragte ich.

Ich kam schon von selbst drauf. Ich hoffte, dass wir die nie brauchen. Zwei Anker und aller mögliche Kleinkram welcher wohl in einem Boot ab und an seine Verwendung finden. Es waren sogar ein Barometer, ein Thermometer und ein Hygrometer in Messing fest installiert. Außerdem hatte es als Staumöglichkeit zwei kleine Bootsregale rechts und links neben dem Einstieg. Welcher Luxus. Gardinen von annodunnemals fanden sich an allen Fensterchen. An der Decke der Kajüte verbarg sich an einem Aluminiumrohr fest geschraubt ein Tisch aus Holz.

‚Schau, hier können wir essen. ‘ erklärte ich Manuel.

Was wir nicht brauchten, wurde raus gebaut und abmontiert. Wir wollten schließlich nicht segeln. Aber zugegeben, es muss wohl mal ein richtiges Schmuckstück gewesen sein. So sollte es auch wieder werden.

Auf dem Weg zu einem Motorboot waren wir nun. Es waren auch zwei Außenborder im Preis inbegriffen. Nur liefen beide nicht. Manuel suchte in der Nähe nach einer Werkstatt, welche sich auf die Reparatur solcher Motoren verstand. Wir brachten beide dort hin. Der Werkstattmeister eröffnete uns, dass sich die Reparatur dieser Motoren nicht mehr lohne, da es keine Ersatzteile mehr gäbe. Also ließen wir sie als Schrott dort zurück. Manuel fachsimpelte noch eine Weile mit dem netten Menschen. Was nämlich nicht vorhanden war an unserer Segeljolle, war eine Vorrichtung für die Aufnahme des Außenbordmotors. Das musste erst gebaut und dann angebracht werden. Er riet uns dazu, bei einem Fachhändler solch einen ‚Spiegel' zu kaufen. Alles Neuland und alles Fremdworte. Manuel wollte auch wissen, ob er aus der Rückwand ein Stück aussägen könne, dieses verstärken und wieder einsetzen. Die Augen vom Fachmann hättet ihr sehen sollen. Sie schienen zu fragen: Aussägen, Ihr?! Er riet uns, dass zu lassen, das sei nur etwas für Fachleute. Also ließ er sich über den Spiegel informieren. In der Werkstatt und auf dem Hof standen viele Boote. Wir lugten während der Unterhaltung hier und da, um ein paar Tipps zu erhaschen. So ungefähr hatten wir nun eine Ahnung, wie das Ding aussehen soll.

Wenn Manuel von der Arbeit kam, erzählte er was er im Netz und seinen Foren für Motorbootbesitzer gelesen hatte. So zum Beispiel dass auch ein Boot eine Zulassung brauche, dass es Vorschriften gäbe, welche Ausstattung vorhanden sein müsse, vor allem an Sicherheitsequipment. Die Liste der Anschaffungen wuchs weiter.

Das Kielschwert war noch vorhanden. Manuel sagte, dass wir dieses nicht brauchen.

‚Wir wollen schließlich nicht segeln. ' Die Kurbel zur Bedienung des Kielschwertes war am Einstieg zur Kajüte. Ganz oft bekamen die Beine blaue Flecke. Mir zu liebe schnitt er die Vorrichtung ab. Das Schwert auszubauen, war zu kompliziert. Die Jolle lag während der gesamten Sanierung auf dem Trailer. Also blieb es drin.

Das gesamte Außenschiff hatte er in sehr langer mühevoller Kleinarbeit geschliffen, gespachtelt, geschliffen und wieder gespachtelt und mit Bootslack mehrere Male gespritzt. Zu guter Letzt bekam die „Eichsfeld“ auf jede Seite rot weiße Zierstreifen. Jetzt war sie die schönste ehemalige Segeljolle überhaupt.

Die Steck Tür zur Kajüte hatte er natürlich neu zuschneiden müssen. Da unser Schwager in Holzarbeiten sehr versiert ist und das nötige Werkzeug besitzt, ergänzten die beiden sich hervorragend. In der warmen Jahreszeit werde ich stets von den Mücken und anderem Stechgetier heimgesucht, deshalb wünschte ich mir dringend ein Fliegengitter. Meinem Wunsch hatte er auch entsprochen und aus dem oberen Einschub der Steck Tür eine Wechseltür mit Fliegengitter gebaut. Nun konnten wir die Tür in der Nacht schließen ohne zu ersticken und ohne, dass mich die Mücken piesacken.

Das Unterwasserschiff hatte Manuel mit schwarzem Antifouling Anstrich versehen. Das verhindert den Bewuchs mit Algen. Nun kann das Boot auch längere Zeit im Wasser liegen. Der Anstrich war eine wirkliche Herausforderung. Das Boot lag noch immer auf dem Trailer. Die Auflageflächen sollten aber auch gestrichen werden. Anheben war in der niedrigen Garage nicht möglich. Zudem besteht die Decke aus Holzverbundplatten. Löcher hineinschrauben zum Aufhängen ist da keine gute Idee. Also bockte Manuel Seite für Seite auf, um auch die Auflageflächen streichen zu können. Besonders wichtig, weil unser Boot maximal drei Wochen im Jahr durchweg im Wasser liegt. Insider wissen, dass es bei solch einer kurzen Liegedauer Quatsch ist. Heute wissen wir das auch.

Die Garage ‚Werft' sieht nun auch etwas bunter aus. Die Eingangstür zum Hof hat von innen kunstvolle Street Art erhalten. Die verschiedenen grau und weiß Töne fügen sich zu einem kunstvollen Element zusammen. Der große zentnerschwere Sandsteinquader vor der Tür erhielt einen Anstrich in grau. Auf dem Boden der ‚Werft' glänzen große und kleine Stellen aus Epoxidharz. Es sieht aus wie herunter gefallene Perlen. Hier und da aufgelockert durch schwarze Altölflecken. Die stahlblauen Matten wirken nicht mehr so langweilig. Nach Monaten und vielen Investitionen entwickelte sich aus der Armseligkeit eine schnucklige kleine Jolle."

Rike sah zu Manuel und lachte ihn an.

Manuel übernahm das Wort und erzählte weiter:

„Wir brauchten einen Motor. Einen Außenborder. Möglichst mit 15 PS. Damit befasste ich mich abends im Bett samt dem Laptop. Wieder ein Schnäppchen. Ein 15 PS starker Außenborder. Juhu.

An einem heißen Sommer - Samstag machten wir uns auf den Weg. Wir sollten bis spätestens Mittag beim Verkäufer sein. Mit unserem Benz kein Problem. Ich fahre gern und auch gern schnell. Wir hatten nicht mitbekommen, dass auf einem Teilstück der A7 eine Brücke zurück gebaut wird und somit die A7 voll gesperrt war. Alles musste auf die Umleitungsstrecken durch die Ortschaften ausweichen. Ein Stau von vier Stunden. Es ging nur im Stopp and go voran. Hier bewähren sich ein Automatikgetriebe und eine leistungsstarke Klimaanlage.

Zwischenzeitlich informierte ich den Verkäufer, dass wir den Termin nicht einhalten können, aber auf jeden Fall den Motor am gleichen Tag abholen werden.

Endlich waren wir da. Wie vereinbart, war der Bruder zu Hause. Da am Motor die gesamte Schaltung fehlte, was auf den Bilder übersehen wurde, handelte ich noch ein wenig runter. Abgesehen davon wussten wir nicht, dass ein Außenbordmotor nur mit Schaltung komplett ist und auch so verkauft wird. Wir fuhren mit unserer Errungenschaft über herrliche Landstraßen und sonderbare Wege, welche uns Frau Navi empfahl, wieder nach Hause. Der Verkäufer selbst war entsetzt und schrieb böse Mails, weil sein Bruder nicht das volle Geld bekommen hatte, für welches er den Motor an mich verkaufte. Er wünschte uns in Seenot zu geraten. Gut dass er nicht wusste, wie recht er behalten sollte.

Der Motor lief, aber auch hier musste ich noch nachhelfen. Einige kleine Wartungsarbeiten waren erforderlich. Immer wieder ließ ich den Motor Probe laufen. Leider auch ohne Wasser. Aber nur ganz kurz. Ich wusste, da passiert nichts.

Nach der Arbeit oder wenn ich alles Material verarbeitet hatte, durchforstete ich das Internet nach Zubehör. So wie bei jedem neuen Projekt, welches wir starten. Jeden Tag kamen Pakete mit diversen Lieferfirmen. Sie brachten jede Menge Utensilien. Die Pakete beinhalteten auch immer einen Katalog des Anbieters. In diesen zu blättern war sehr interessant. Was es dort alles gab. Unsere Liste der Wünsche wurde täglich länger. Und für Rike gab es sehr schönes Zubehör um es behaglich und praktisch herzurichten. Verziert mit maritimen Mustern. Wir wussten auch nicht, dass man für eine Bootsfahrt extra Schuhe und Kleidung benötigt. Diese Anschaffungen mussten nun wirklich warten.

Die meisten Päckchen und Pakete kamen bei meiner Schwägerin Ursula an, da sie schon gegen Mittag mit ihrer Arbeit fertig ist. Manchmal war es mir unangenehm, dass sie immer unsere Post annehmen musste. Sie versicherte, dass es ihr nichts ausmachen würde. In den vielen Päckchen waren zum Beispiel Zweikomponentenkleber und Mischgefäße,

Farben, Glasfasergewebe in verschiedener Zusammensetzung und Stärke, Schrauben, Muttern - natürlich aus Edelstahl – und jede Menge nützliches Zubehör was die Kataloge so hergaben. Aber das brauche ich dir nicht erzählen, Michael. Das weißt du alles selbst. Was wir im Baumarkt unseres Vertrauens bekommen konnten, kauften wir dort. Dazu gehörte Sperrholz, Teppich und jede Menge Schleifpapier in den unterschiedlichsten Körnung, und viele kleine nützliche Dinge wie Malerrollen und natürlich fehlendes Werkzeug. Cutter Messer, Schwingschleifer, Spachtel in verschiedener Ausführung und man sonst noch brauchte. Im Baumarkt findet Mann immer mehr als er kaufen wollte.

Die Zeit des Neuaufbaus war interessant. Nach einigen Monaten sah die Armseligkeit aus wie ein Boot. Es war gestrichen und geschliffen, wieder und wieder. Die Farben blieben, blau und weiß. Das Bug bekam Zierstreifen in rot und weiß. Die gesamte Kajüte glänzte in weißem Lack. Der Unterboden erhielt den Antifouling Anstrich. Wieder investierte ich viel Zeit und Schleifpapier in den Unterboden und den wichtigen Anstrich. Immer wieder wenn ich warten musste, sah ich mir die Videos der Spezialisten im Netz an. Besonders hatte es mir mein Namensvetter angetan. Ich hätte den Mann gern persönlich kennengelernt, um all die offenen Fragen mit ihm zu besprechen. So waren manche Arbeiten zum Scheitern verurteilt und ich fing mit einer Engelsgeduld wieder von vorn an. Die Fragen nach der Lenkung, der gesamten Steuerung, der Elektrik, der Benzinversorgung und viele weitere Fragen meisterte ich als Autodidakt. Alles war eingebaut, sogar unsere Kühltruhe passte mit ins Boot. Warmes Bier schmeckt nicht. Die gesamte Elektrik war neu. Dazu gehörte die Außenbeleuchtung ganz nach Vorschrift. Da darf man aber nicht die erst beste nehmen. Die müssen schon den gesetzlichen Bestimmungen entsprechen. Dann müssen es die Teureren werden. Außerdem brauchten wir noch Steckdosen. Eine für den Land Anschluss, um uns und die Batterie mit Strom zu versorgen. Dazu zählten auch USB Steckdosen für Handy, Tablet und was der Skipper heutzutage noch so alles mit an Bord nehmen muss. Besser eine mehr als zu wenig. Um die Batterie unterwegs und bei Tag laden zu können, erhielt das Boot eine Solaranlage. Die Sicherheit war mir besonders wichtig. Ich bestellte für uns Schwimmwesten, einen Rettungsring und Bootshaken und einen Feuerlöscher.

In der Zeit des Wartens auf die nächsten Lieferungen oder das Trocknen der Farben schauten wir uns auf YouTube viele Videos zum Thema Boot fahren an. Das war wirklich interessant. Vor allem, wie der Skipper sein Boot ins Wasser bringt und auch wieder auf den Trailer bekommt. Natürlich schauten wir uns auch die Missgeschicke an. Die meisten Videos wurden im Ausland gedreht, weshalb wir die Worte nicht immer verstehen konnten. Mussten wir auch nicht. Es versteht sich von selbst, dass beim Verladen nur das Boot ins Wasser sollte und nicht mit der gesamten Zugmaschine. Wer den Schaden hat, braucht für den Spot nicht zu sorgen heißt das Sprichwort. Wir mussten oft grinsen. Dann sagten wir uns, hoffentlich passiert uns das nicht. Was es alles zu lernen und zu beachten gibt, ist schon gewaltig. Die Regeln auf dem Wasser wollten wir auch beherrschen. Die Theorie des Führerscheins war zwar sehr umfangreich, war aber nicht das Problem. Das war die praktische Beherrschung der einzelnen Seemannsknoten, welche der Skipper zur Prüfung beherrschen muss. Außerdem wussten wir noch nicht, für welchen der verschiedenen Führerscheine wir uns entscheiden sollten. Den Sportbootführerschein Binnen unter Motor. Den Sportbootführerschein See oder den großen Führerschein, in dem alles enthalten ist. Den Führerschein zu erwerben, verschoben wir auf das kommende Jahr. Aber man kann schon mal die Regeln üben. Wenn wir wieder auf das Trocknen der Farben warten mussten, überprüften wir uns gegenseitig im Wissensstand der Theorie.

Rike bekam den Auftrag, die alten Gardinen durch Neue zu ersetzten. Kein Problem, die Nähmaschine Veritas aus dem letzten Jahrhundert, funktionierte gut. Sie überspringt zwar mal einen Stich, was soll`s. Etwas laut beim Einstich in die Stoffe ist sie auch. Macht nichts. Sie ist ein altes Mädchen. Wer die dicken Arbeitshosen und – Jacken flicken muss, darf auch Zipperlein haben. Also an die Arbeit. Stoff brauchten wir nicht kaufen, den hatte ich von Dad bekommen. Das Zuschneiden liegt Rike nicht so. Also alles etwas größer dimensionieren. Abschneiden geht immer. In einem hellen grau aus glattem Übergardinenstoff sahen sie richtig gut aus. Außerdem passten sie perfekt.

Das Boot bekam seine Rundumsanierung."

Der Abend verging schnell. Es war spät geworden. Die Mücken hatten Rike gefunden. Auch durch die dicke Jeanshose stachen sie. Also war es Zeit, sich zu verabschieden und Rike legte sich schlafen.

Am nächsten Morgen war Rike wie immer zuerst wach. Mit ihrem Kaffee und dem Keks setzte sie sich auf die Bank am Steg. Die Sonne schien heute Morgen und es war schön warm. ‚Heute gibt es gutes Wetter', dachte sie. Der Himmel hatte viele kleine Schäfchenwolken. Ihr Blick wanderte vom Himmel über die Stege zu den Booten, welche noch an den Stegen lagen. Rike hielt Ausschau nach der „ANNA Sophia", sie war schon ausgelaufen. Aber Dorothee erzählte, dass sie es nicht eilig haben, warum waren sie schon so früh ausgelaufen? Auf diese Frage bekam sie keine Antwort. Was soll`s. So wird es wohl sein. Flüchtige Bekanntschaften, ein netter Abend und dann fährt jeder wieder seiner Wasserstraße entlang. Es verging noch eine ganze Weile, ehe Manuel aus der Koje kroch.

Im Mittellandkanal sind sehr viele Umschlaghäfen gelegen. Für Freunde der Technik ist das imposant und es macht Freude, den Giganten zu zuschauen. Das Be – und Entladen der Binnenschiffe kann man sich genau anschauen. Die Lademeister sind sehr bedacht, dass die Fracht gleichmäßig beim Laden in die Luken verteilt wird. Die Schiffe haben am Rumpf eine Markierung, welche auf die Genauigkeit hinweist. Sind die Schiffe voll beladen und in Fahrt, bekommen die Matrosen auch schon mal nasse Füße auf dem Deck. Sie fahren mit etwa zehn bis fünfzehn Kilometer pro Stunde gemächlich zu ihrem Zielhafen. Eines war mit Schrott beladen, ein anderes hatte Holz geladen, ein drittes hatte alle Luken dicht. Und dann gab es noch die Tanker.

Manuel und Rike konnten sich gar nicht satt sehen, an den vielen Eindrücken. Die vielen Übungsstunden hatten sich bewährt. Sie wussten, dass sie so schnell nichts mehr schocken konnte. Auch das Einrichten auf dem Boot mit seinem eingeschränkten Platzangebot hatten sie schon einige Male geprobt. So war auch das kein Problem mehr. Lediglich das kleine bisschen mehr an Gepäck, wie zwei Reisetaschen mit Wäsche, Wechselschuhe, Badesachen und Handtücher, zwei Boxen mit Verpflegung, Steaks und der Grill dazu, Getränke, Wasser und nicht zu vergessen, das Benzin war nicht ganz unproblematisch. Nach einigen Malen die Kajüte abends ausräumen, zur Nacht vorbereiten und am Morgen wieder anders herum, hatte Rike auch das im Griff. Geschirr und Töpfe genau wie der Kocher hatten seinen Platz.

Morgens blieb es bei der Katzenwäsche. Dann stellte sie die Hälfte der Liegefläche als Lehne an die Wand, schob die Bodenbretter unter die Sitzfläche und gelangte so an die Vorräte. Eine Box war für das kleine Frühstück, die andere für das kleine Abendessen. Geschirr und Besteck verstaute Rike in den schmalen Fächern unterhalb der Fenster. Nach einigen Tagen hatte sie die Räumerei im Griff. Alles ging eins zwei fix. Frühstück gab es an Deck. Der Kocher stand stets an Deck. So konnten sie auch zwischen Frühstück und Mittagessen noch eine Tasse heißen Kaffee genießen. Topflappen hatten sie dieses Mal nicht vergessen. Der kleine Kessel reichte genau für zwei Tassen Kaffee.

Wenn beide gefrühstückt hatten und der kleine Abwasch erledigt war, entsorgten sie Müll in den bereit gestellten Containern in den Yachthäfen. Die Bordtoilette musste auch entleert werden. Man war das peinlich. Man musste den gesamten Eimer mitnehmen, weil das Flies gar nicht so viel Flüssigkeit aufnahm wie Rike sich erhofft hatte. Mal übernahm diese peinliche Arbeit Manuel und Mal Rike. An sich ist diese Trockentoilette eine feine Sache. Sie dachten erst an eine transportable Campingtoilette. Wäre auch gut gewesen. Sie hätten dafür auch noch die Chemikalien mitnehmen müssen. Das bei dem geringen Platzangebot. Außerdem musste auch diese Toilette mit Wasser gefüllt werden und morgens, sowie abends hin und her geräumt werden. Das Leeren dieser Toilette ist nur in den Häfen an den dafür vorgesehenen Absaugvorrichtungen möglich. Das Leeren der Trockentoilette geht einfach über die Müllentsorgung. An jedem Anleger stehen große Container, welche für Restmüll vorgesehen sind. Diese werden auch gut genutzt. Vermüllte Anleger haben sie nicht gesehen. Daumen hoch für alle Skipper.

Am Abend räumte Rike alles wieder um. Abends gab es auch ein Bierchen oder zwei oder drei. Manchmal fand die eine oder andere leere Büchse Platz in Rikes Schuhen.

Manuel und Rike erreichten die gewaltige Trog Brücke über die Elbe auch genannt Wasserstraßenkreuz. Das Bauwerk ist gigantisch. Aber einfach auf der Brücke fahren, geht nicht. Man muss sich anmelden, genau wie beim Schleusen. Als alle Entgegenkommenden die Brücke passiert hatten, bekamen die Boote auf ihrer Seite grünes Licht und wieder im Gänsemarsch befuhren alle Boote die Trog Brücke.

Die Trog Brücke bei Magdeburg ist ein wichtiger Bestandteil des gesamten Wasserstraßenkreuzes Magdeburg. Sie ist komplett aus Stahl konstruiert und bildet das Kernstück des Wasserstraßenkreuzes. Mit einer Länge von 918 m ist die Trog Brücke die längste Kanalbrücke im gesamten europäischen Raum.

Das Wasser war noch mächtig am Kochen als die Boote die Brücke erreichten. Rike saß noch immer vorn auf der Kajüte.

Beim Ab – und Anlegen war das ihr Platz. Sie war so mit der Leine aufwickeln beschäftigt, dass Rike das „kochende Wasser“ nicht bemerkte. Mit einem Mal rief Manuel von hinten ganz laut:

„FESTHALTEN!!!!“

Rike brauchte nicht mehr fragen: ‚warum? ‘. Die „Eichsfeld“ machte Sprünge auf den Wellen, kippte nach links und rechts und stampfte mächtig. So muss sich ein Erdbeben anfühlen. Vor lauter Angst ins Wasser zu fallen, klammerte sich Rike am Boot fest. Die Leine hielt sie noch immer fest in der Hand. Ganz starr saß sie auf dem Bug. Rike kann zwar schwimmen, aber geht nur im Schwimmbad schwimmen. Sonst genießt sie die Abkühlung im Wasser soweit sie stehen kann. Das Wasser hier ist mindestens vier Meter tief. Allein die Vorstellung daran machte Angst. Nun will sich Rike aber nicht mehr blamieren als sie das als Anfänger ohnehin schon tun. Also blieb die Schwimmweste in der Kajüte. Wer konnte auch ahnen, dass das hier solch ein Höllenritt würde. Noch immer nicht schlau geworden.

Gleich im Anschluss konnten die Boote die Schleuse Hohen Warthe befahren.

Von hier aus kann Skipper sich entscheiden, will er auf die Elbe, dann muss er die nächste Schleuse nehmen. Will er weiter zur Havel, wechselt der Mittelandkanal in den Elbe – Havel – Kanal. Diesen Weg nahmen Manuel und Rike.

Am Abend erreichten sie einen Hafen in Genthin.

Genthin erkennt man schon von weitem an seinem hoch aufragenden Wasserturm. Auch das Hauptgebäude des Henkelkonzerns kann man vom Kanal aus schon sehen. Hier wurde bereits zu DDR Zeiten Waschpulver hergestellt. Sie wollten erst im Kanal festmachen, aber nette Menschen zeigten ihnen noch ein klitzekleines Plätzchen ganz hinten im Hafenbecken. Hier durften sie festmachen. Manuel konnte seine Manövrierkünste unter Beweis stellen. Es war wahrhaftig ein ganz kleines Plätzchen für ihr kleines Boot. Aber er schaffte es. Die „Eichsfeld“ war fest. Den Liegeplatz wollten sie natürlich auch bezahlen. Man sagte, dass der Hafenmeister gegen Abend noch mal komme, um die Neuankömmlinge zu notieren.

Das Wetter war weiterhin sehr ungemütlich. Sehr windig, kalt und die warme Jacke nicht dabei. Die Füße waren inzwischen Eisklumpen. Rike hatte Sneakers und Latschen dabei.

Nichts was wirklich warme Füße machen sollte. So blieb sie in der Kajüte. Manuel hingegen wollte an diesem Abend Steaks vom eigenen Grill und somit etwas Warmes essen.

Diese Idee hatte auch der Skipper vom Nachbarboot. Allerdings hatte die Besatzung die Holzkohle vergessen. Manuel konnte aushelfen. Der Smutje der „Morgenstern“ brachte Grillgemüse. Neugierig geworden, kroch Rike doch wieder aus der Kajüte und gesellte sich dazu. Manuel machte sich und Rike zum Abendessen Steaks vom eigens mit genommenen Einweggrill. Lecker. Rike freute sich über ein Gemüsepäckchen und der Smutje der „Morgenstern“ über ein Steak. Er sei ein Teilzeitvegetarier teilte er mit. Es war zwar kalt und windig, in der kleinen Ecke des Hafens doch windgeschützt. Während die Mannschaft auf das Essen wartete, kam man ins Gespräch. Die „Morgenstern“ war aus Minden. Sie wollten weiter zur Oder und vielleicht zur Ostsee. Skipper Oliver erzählte:

„Wir sind schon mit Booten aufgewachsen. Unsere Eltern hatten ebenfalls ein Boot, allerdings noch eine Nummer größer als unseres. Wir waren drei Geschwister und machten so oft wie möglich Urlaub auf dem Boot. Von Minden aus kann man so gut wie überall hin. Es waren wirklich schöne Zeiten.“

„Wo wart ihr schon überall?“ wollte seine Freundin Josi wissen.

Manuel begann von der ersten Ausfahrt mit der „Eichsfeld“, von den ersten Übungsstunden auf dem eigenen Boot zu erzählen:

Das erste Mal auf dem Wasser

„Die erste Ausfahrt stand an. Nach langem Suchen und Überlegen entschieden wir uns für eine Fahrt ohne Strömung. Die nächste Gelegenheit war der Mittellandkanal. Zuvor schauten wir unzählige Videos, wie man ein Boot zu Wasser lässt und auch wieder aus dem Wasser bekommt. Wir paukten die Verkehrsregeln wieder und wieder, auch wenn wir für unsere „Eichsfeld“ noch keinen Führerschein brauchten. Außerdem mochten wir den YouTube - Fahrlehrer. Ich kann mich noch heute an seine Gesten und Sprüche erinnern. Bei jeder Stunde gab es etwas zum Schmunzeln.

‚fünf kurze Töne‘: die volle Hand strecke er entgegen und jammerte dazu: ‚Nicht überholen. Das wäre nicht gut. ‘

Für die erste Fahrt und den ersten Slip Versuch hatten wir uns für einen Hafen entschieden. An einem schönen Herbstmorgen ging es los. Unsere Gefühle schwankten zwischen Aufregung und Angst. Wir packten unseren Picknickkorb und hängten die „Eichsfeld“ an. Für sie hatten wir als Proviant Benzin im Gepäck. Also los. Norden, unseren Kaukasen ließen wir erst einmal zu Hause. Wenn wir sicherer waren, wollten wir es wagen, ihn mitzunehmen. Den Ort zu finden war nicht das Problem, auch wenn wir ab und an falsch fuhren. Frau Navi wusste nicht recht, wo es lang geht. Sie ist mit dem Wasser nicht vertraut. Trotzdem kamen wir an.

Da wir Frischlinge waren, kannten wir die Gepflogenheiten in einem Yachthafen nicht. Von wegen einwassern. Der Hafenmeister war nicht da und der Herr, den wir fragten war genervt von uns und machte keinerlei Anstalten zu helfen. Ratlos zogen wir mit unserer „Eichsfeld“ wieder ab. Wir hatten eine weitere Möglichkeit. Eine frei zugängliche Slip Anlage in der Nähe. Das erste Mal das Boot zu Wasser lassen. Man waren wir aufgeregt. Aus den Filmen wussten wir theoretisch wie man es macht. Nun gut. Wir versuchen es. Es war niemand da, der uns beobachtete. Wir konnten uns also blamieren ohne das es jemanden interessierte.

Rückwärts den Trailer mit der „Eichsfeld“ ans Wasser schieben. Das war noch kein Problem. Rike sollte Bescheid geben, wenn der Trailer mit den Rädern im Wasser ist. Ich fuhr langsam rückwärts den Trailer ins Wasser. Das tat sie auch prompt.

‚Halt, haalt! ‘ rief Rike und winkte aufgeregt.

Ich stieg aus und schaute mir das an. Der Trailer war bis zu den Rücklichtern im Wasser verschwunden. Ich lachte und erklärte Rike, das muss so sein und schadet nichts. Also weiter. Langsam schwamm die „Eichsfeld“ auf. Der Haken der Seilwinde zwischen Boot und Trailer muss zuletzt noch gelöst werden. Gummistiefel vergessen, Mist. Wie auf einem Schwebebalken balancierte ich auf dem vorderen Teil des Trailers um den Haken zu lösen. Es stand alles unter Wasser und ich wollte keine nassen Füße. Rike hielt inzwischen am Ufer mit den Tauen die „Eichsfeld“, damit sie nicht von allein davon schwimmt. Man waren wir gut. Es klappte vorzüglich. Gleich beim ersten Mal.

Jetzt nur noch festmachen am Ufer. Wir wollten das Boot noch beladen. Wir hatten lecker Picknick dabei und natürlich ausreichend Kaffee.

Einsteigen. Rike. Oh mein Gott. Der Steg war so weit oben und die „Eichsfeld“ so weit unten und schaukelt und schaukelt. Dank meiner Hilfe und ihrem Po war sie endlich im Boot. Rike war wirklich unsicher. Es schaukelte hin und her.“

Rike fiel ihm ins Wort: „Am liebsten hätte ich die Schwimmweste angezogen. Aber auch mit diesem Ding hatte ich so meine Probleme. Wahrscheinlich hätte ich da auch erst einen Kurs belegen müssen, um sie fachgerecht anzuziehen. Also ohne.“

Manuel erzählte weiter:

„Der Motor lief. Die Leine lösen, es ging los. Langsam rückwärts aus der Slip Anlage. Auf dem Kanal waren nicht viele Schiffe unterwegs. Das Geradeausfahren und auch das Wenden klappten schon ganz gut. Rückwärts war auch nicht schlimm. Die Steuerung und der Motor funktionierten gut. Wir fuhren eine ganze Weile, wurden ruhiger, entspannter und genossen das schöne Wetter und die Fahrt. Ab und an einen Kaffee, ein Würstchen und ein Käsehäppchen. Beim Bäcker in Bortfeld hatten wir uns mit frischen Brötchen versorgt. Die kauten sich wie Pappe. Also bekamen die Brötchen kurzer Hand die Enten. Nach so viel Kaffee meldete sich auch die Blase. Eine Toilette gab es nicht an Bord aber am Kanal entlang viel Gebüsch und Bäume.

Naja, Anlegen durfte kein Problem werden. Pustekuchen. Der Mittellandkanal hat in dieser Gegend rechts und links Spundwände. Die Wellen schlagen dagegen und brechen sich mitten auf dem Kanal. Es gibt keine Ruhe. Immer ist das Wasser in Bewegung. Aber das wisst ihr. Ich versuchte an einer Spundwand anzulegen. Wir hätten Fender groß wie ein Schlauchboot gebraucht. So kollidierte die „Eichsfeld“ mehrfach mit der Spundwand und handelte sich die ersten Schrammen ein und Rike einen Anschnauzer nach dem anderen.“

Manuel sah sie mit einem Blick der Entschuldigung an. Und erzählte weiter:

„Dass das so schwer sein kann, ein kleines Boot von der Wand weg zu halten, hätte ich nicht gedacht. Irgendwann war die „Eichsfeld“ an der Spundwand fest. Also das ist nicht so einfach. ‚Das müssen wir üben‘. sagten wir. Baum und Busch waren gegossen und es konnte weiter gehen. Wir legten wieder ab. Wir hatten einen wirklich schönen Tag auf dem Wasser. Trotz der Motorengeräusche war es sehr erholsam, so langsam dahin zu gleiten. Bunte Bäume, Wasser, blauer Himmel und weiße Wolken und jede Menge Enten. Rike sollte wie bei jedem Fahrzeug auch das Fahren mit dem Boot lernen. Könnte ja sein, dass der Kapitän mal unpässlich sei und der Leichtmatrose steuern muss."

Manuel nahm einen Schluck aus seiner Brause. Die Gelegenheit für Rike weiter zu erzählen:

„Irgendwie war das mit dem Lenken anders als im Auto. Das Boot reagierte nicht so schnell und wenn es endlich die Richtung gewechselt hatte, sollte es eigentlich schon wieder auf der anderen Seite sein. Es war schwer, geradeaus zu fahren. Wenn ich über die kleine Fahne schaute, hatte ich immer das Gefühl, wir würden in den Gegenverkehr fahren. Nach geraumer Zeit bekam ich mit, dass ich so die Spur halten konnte und ich tat mich leichter. Ich konnte das Fahren genießen. Der Kanal hat eine durchschnittliche Breite von fünfundfünfzig Metern, welche ich zu Anfang auch brauchte. Irgendwie erschien mir der Kanal für ein etwa einhundert Meter langes und etwa zwölf Meter breites Binnenschiff und die „Eichsfeld" zu schmal. Bei jeder Vorbeifahrt bekam ich gesagt, ich solle nicht so dicht ans Ufer fahren. Wenn aber so ein riesiger und unendlich langer Binnenkahn entgegen kommt, ist das schon mehr als beeindruckend. Da macht Frau von allein Platz um nicht unter gepflügt zu werden. Dann kommt die Bugwelle des Frachters und die „Eichsfeld" stampft ordentlich auf dem Wasser. Rechts lenken, links lenken, rechts lenken, links lenken, irgendwann war sie wieder gerade. Mit der Zeit kommt die Routine. Rechts lenken, links lenken und dann warten, bis die Trägheit des Bootes es gerade zieht. Es machte Spaß, Spaß auch auf den Wellen zu tanzen. Nun lag sie besser im Wasser. Wir fuhren abwechselnd, filmten und genossen den Spätsommertag."

„Mit einem Mal ging der Motor aus." erzählte Manuel und weiter:

„Schreck, manövrierunfähig konnten wir noch die Spundwand erreichen. Gottlob waren nicht auf einem Fluss. Was war los? Wasser hatte sich hinter dem Spiegel für den Außenborder gesammelt. Eigentlich fließt es von allein ab, doch durch die Verstärkung war das Loch nun zu klein. Also Wasser ausschöpfen und dann startete der Motor auch wieder. Aufatmen. Nach dem Schreck waren wir der Meinung, dass es fürs erste reicht. Langsam fuhren wir wieder Richtung Slip Anlage. Das Boot musste wieder auf den Trailer. Irgendwie hatten wir die „Eichsfeld" wieder an der Spundwand anlegen können und weitere Schrammen kassiert. Wie haben die in den Videos die Boote aus dem Wasser bekommen? Vor uns waren noch andere, welche auch ihr Boot aus dem Wasser holen wollten. Wir hofften, uns etwas abschauen zu können. Wenn das bei uns auch so wird, sollten wir uns lieber gleich einen dritten und vierten Helfer bestellen. Die Skipper brauchten lange, bis ihr Boot endlich verladen war. Dann waren wir dran. Rike musste aussteigen. Gott war das hoch. Auf allen vieren erklomm sie das Land.

„Und es schaukelte. Ja, auch das Land schaukelte noch. Manuel schau, dort ist eine Leiter. Da wäre ich leichter hoch gekommen." erklärte Rike.

„Erst mal das Boot festmachen, damit es auch bei uns bleibt." erzählte Manuel weiter.

„Wie das gemacht wird, hatten wir uns in den Videos angeschaut. Beim Einslipen konnten wir schon Mal üben und das Gelernte nun wiederholen. Nach ein paar Mal probieren wie rum die obere Schlaufe gelegt werden muss, war es fest und blieb es auch. Als nächstes wieder ausladen. Rike bekam alles zu gereicht und stellte Wasserkanister, die nun wieder leer waren, Picknickkorb und diverse Utensilien an Land. Dann war das Aufladen dran. Ich rangierte den Trailer ins Wasser. Jetzt das Boot. Wir zogen es an den Tauen bis über den Trailer, welcher fast im Wasser verschwunden war. Schön langsam und schön gerade. Dann balancierte ich wieder auf dem Trailer und hängte das Boot in den Haken der Seilwinde. Mit der Winde konnte ich es auf den Trailer ziehen. Rike versuchte es gerade zu halten. Per - fekt. Die „Eichsfeld“ lag sicher auf dem Trailer und ich fuhr die Ladung an Land.

„Na wenn das immer so einfach geht, weiß ich nicht, warum die vor uns so lange und so viele Versuche gebraucht haben.“ sagte Rike und weiter:

„Nun alles wieder gut verzurren und den Rest in den Kofferraum laden. Man waren wir gut. Wir freuen uns auf die nächsten Törns. Für Norden ist gesorgt. Er kann leider nicht mit. Wir brauchen ein größeres Boot.“

Josi sagte:

„Wir hatten noch nie eine Panne.“ und schaute überlegend zu Oliver.

Manuel und Rike waren keine Langschläfer. Manche Bootsleute müssen gegen die beiden aber nicht nur Lärchen, sondern eher Eulentypen sein. Auch die „Morgenstern“ war schon nicht mehr da. Manuel und Rike gingen Benzin kaufen in der nahe gelegenen Tankstelle. Das Hafenbecken leerte sich Zusehens und so verließen sie fast als letztes Boot den Hafen weiter Richtung Havel. Sie hatten es nicht eilig, außerdem blieb ihnen das Rangieren erspart. Irgendwann erreichten sie die Havel und seine Seen. Von einem Schwatz mit Josi erfuhren sie, dass die südliche Strecke die Reizvollere sei. Also nahmen sie diese Strecke. Das Wetter besserte sich. Es war traumhaft. Blauer Himmel, weiße Wolken, Wasser und Bäume und warm wurde es auch.

Es gab sehr viele Enten. Manch eine schlief auf dem Wasser. Sie schreckte erst auf, als sie umfahren wurde. Nicht um-GE-fahren.

Inzwischen war das Kartenmaterial aufgebraucht. Manuel und Rike fuhren ins Blaue hinein. Die Gegend war einfach traumhaft. Große Seen wechseln mit dem schmalen Fluss. An den Ufern viele Häfen mit noch mehr Booten und immer wieder Naturschutzgebiete. Zwischendurch noch die eine oder andere Schleuse, damit es nicht zu langweilig wird. Außerdem kamen sie so ins Gespräch mit anderen Skippern.

Über die untere Havel Wasserstraße erreichten sie am späten Nachmittag Ketzin und den Stadthafen. Es war ein schnuckeliger kleiner Hafen. Allerdings erforderte es ein hohes Maß an Fahrkunst, die Liegeplätze für kleine Boote zu erreichen. Die Einfahrt ist sehr schmal, Wenden kaum möglich. Das Rückwärts Ein – oder Ausfahren geht nicht ohne Uferberührung. Irgendwann war die „Eichsfeld“ am Anleger. Beide wollten schließlich neue Herausforderungen. Hier hatten sie die Nächste.

Begrüßt wurden sie von einer Schwanenfamilie. Sie bettelten um Futter. Sie wissen, dass man das nicht machen soll. Die Tiere können Brot nicht gut vertragen. Also ließen sie es und wurden dafür von Mutter oder Vater Schwan mit einem garstigen „CHCHCH“ beschimpft. Dann zogen sie weiter zum nächsten Boot. Die netten Menschen fütterten sie bereitwillig und freuten sich an den Küken. Es gab aber nicht nur Schwäne, sondern auch Enten und Blessrallen mit ihren Küken. Eines der Rallen Küken war ständig auf der Suche nach seiner Mutter und immer rief es mit seinem feinen Stimmchen. Mutter Ralle hörte es sich eine Weile an und dann bekam das Küken einen Stubbs mit den Schnabel. Es sollte folgen, was es auch tat bis zum nächsten Rufen.

Das Entenpaar wollte gern baden. Das war Mutter Blessralle aber nicht Recht. Es schien ihr Territorium zu sein. Wenn sich eine der Enten ins Wasser traute und die Ralle das mit bekam, scheuchte sie die Ente mit großem Getöse aus dem Wasser. Sie strampelte sich fast vollständig aus dem Wasser. Es sah aus, als würde sie über das Wasser laufen. So blieb den beiden nichts weiter übrig, als am Steg spazieren zu gehen. Es war schön, den Tieren zu zuschauen. Außerdem gab es jede Menge Schwalben. Um diese bestimmen zu können, fehlte ihnen das Wissen. Es bleibt bei Schwalbe. Sie flogen ganz flach über das Wasser und fingen so Mücken und Fliegen. Auch von unter der Wasseroberfläche waren Fliegen und Mücken in Gefahr. Immer mal wieder gab es kleine Wellen und Geplätscher an der Oberfläche. Was hier so alles beheimatet ist, sollten sie später noch erfahren.

Hier in Ketzin bekamen die beiden an der Anmeldung auch eine Karte für die Havel Wasserstraßen. Nun konnten sie sich orientieren.

Wo sind sie? Wo waren sie? Wie fuhren sie bisher? Bis Potsdam war es nicht weit. Ob sie das erreichen würden? Schloss San Souci anschauen. Das wäre schon toll. Vor Jahrzehnten war Rike schon einmal dort. Ihr war so vieles damals entgangen, weil sie viel zu jung war. Jetzt alles noch einmal sehen dürfen, gemeinsam mit Manuel, das wäre was.

Wie an jeden Tag so erkundeten sie auch heute das Örtchen. Hier sind die Einkaufsmöglichkeiten nicht weit vom Hafen entfernt. Im nahegelegenen Supermarkt standen vor uns an der Kasse bekannte Gesichter. Es war die Besatzung der

„ANNA Sophia". Nach den wunderschönen Abend in Haldensleben verabredeten sie sich auch heute wieder zum Abendessen. Zum gemeinsamen Grillen. Jeder brachte wieder mit, was er essen und trinken wollte. Dieses Mal wollte Michael von ihrer ersten Ausfahrt erzählen, Dorothee war schneller. Auch sie waren Autodidakten. Auch sie hatten ihr Boot als ein altes abgewracktes etwas gekauft und neu aufgebaut. Rike und Manuel lauschten gespannt. Was sie wohl erlebt hatten? Ob sie sich genauso blamiert hatten wie Manuel und Rike?

Weser treideln

Dorothee begann zu erzählen:
„Auf zu nächsten Ausfahrt. Vor dem Winter noch einmal testen, ob alles so bleiben kann und was geändert werden sollte. Ich war dafür einen Hafen zu wählen, welcher weit bergauf liegt, da ist die Strömung nicht so stark. Wir entschieden uns für Bad Karlshafen.

Michael hatte mit dem netten Hafenmeister Braun ausgemacht, dass wir dort das Boot zu Wasser lassen können und Auto, sowie Trailer dort stehen bleiben können. Über Google maps schaute er sich die Hafenanlage im Vorfeld schon an. Es ist gut, wenn man weiß, was auf einen zukommt. Mann will sich nicht mehr blamieren, als nötig. Auch wenn man Anfänger ist. Das muss nicht jeder gleich sehen.

Eine schöne Fahrt über die Landstraßen und durch die Dörfer empfiehl uns Frau Navi. In Bad Karlshafen auch noch verfahren. Frau Navi hat vom Wasser noch immer keine Ahnung. Wir folgten dann ihren Anweisungen und standen vor der Einfahrt zum Campingplatz. War das hier richtig? Der Platzwart beruhigte Michael, es gäbe eine Slip Anlage und außerdem alle Annehmlichkeiten, welche ein eins A Campingplatz bietet. Gut, wir fuhren mit unserem Gespann und nach den Anweisungen vom Platzwart zur Slip Anlage. Dort schauten wir uns das an und unterhielten uns mit Campern. Wir kamen zu dem Schluss, dass wir nicht im Yacht Hafen gelandet waren und hier auch nicht Einwassern konnten. Die Zufahrt ins Wasser ist zu kurz. Also wieder kehrt und die Gebühr für den Campingplatz in den Wind geschrieben.

Zurück auf die Straße und dann war‘s ganz leicht, den Hafen und seinen Meister zu finden. Die Slip Anlage sieht anders aus als. Es gibt keinen Steg neben der Anlage. Kurz überlegen und dann wie beim ersten Mal den Trailer samt

„ANNA Sophia“ ins Wasser. Ja, wie soll ich jetzt an die Taue kommen wenn Michael den Haken löst? Also musste Michael zuvor auf das Boot klettern und mir eines der Taue zuwerfen. Er brauchte keine Gummistiefel, welche zu Hause in der Heizung standen. Ging beim letzten Mal ganz super ohne. Alles verlief gut. Wir bekamen die „ANNA Sophia“ auch sicher an einen der Stege, um einsteigen zu können, ohne Schrammen. Wieder alles einladen und dann selbst einsteigen. Geht schon besser. Der Motor hatte Startprobleme und wollte nicht rund laufen. Nach einer Weile war der Motor so weit, dass er halbwegs stabil lief. Nun bei Ausfahrt aus dem Hafen stellte sich die Frage, bergauf oder bergab. Da wir nicht einschätzen konnten, wie lange sie mit der „ANNA Sophia“ und unserem 15 PS starken Motor für welche Strecke brauchten, entschieden sie uns für bergauf. Aus dem Hafen und nach rechts in die Weser. Der Motor stotterte weiter. Nach wenigen Metern im Fluss trieben wir manövrierunfähig und ohne Motorunterstützung bergab auf der Weser. Panik brach aus. Ich wusste nicht, wie ich jetzt am Schnellsten vorn auf das Bug komme, um den Anker aus der Klappe zu holen. Ehe ich vor meinen Augen zum Bug gewankt war, hatte Michael schon den Anker in der Hand und schleuderte ihn in heller Aufregung Richtung Ufer. Dabei flog auch der Einfüllstutzen vom Benzinkanister in hohem Bogen in die Weser. Nach zwei Versuchen bekam der Anker endlich halt und hielt die „ANNA Sophia“ auf der Stelle. Jetzt konnten wir uns erst mal beruhigen. Bei Michael viel der Großglockner ab. Der Einfüllstutzen war nicht mehr zu erreichen. Er schwamm die Weser hinab. Der Motor wollte und wollte nicht starten. Wir konnten nicht mehr fahren. Am Seil des Ankers zog uns Michael ans Ufer und wir konnten aussteigen. Gut, dass wir ausreichend Seil an Bord hatten. Wir verschnürten damit die

„ANNA Sophia". Michael schickte mich mit dem langen Seil nach oben auf die Böschung. Er selbst blieb am Ufer und gemeinsam zogen wir die „ANNA Sophia" im Wasser schwimmend über Stock und Stein stolpernd Richtung Hafen. Die Böschung war dicht bewachsen. Himbeeren, Brennnesseln, hoch gewachsenes Schilf, jede Menge kleiner Bäume und Sträucher. Wie es sich für einen schönen Familienausflug gehört, hatten wir uns schick angezogen. Helle Sachen und neue Schuhe. So also stapften wir durchs Unterholz. Michael rutsche auf dem glitschigen Untergrund weg und stand mit den Füßen im Wasser. Nach einer gefühlten Ewigkeit, Kratzern und Schrammen, nassen und dreckigen Sachen erreichten wir die Einfahrt in den Hafen. Noch um die Kurve und dann weiter an der Böschung entlang. Auf halber Strecke versperrte ein wirklich großer Baum mit weit überhängenden Ästen den Weg um den Hafen herum zu den Stegen. Drüber oder drunter war jetzt die Frage. Auf der anderen Seite des Hafens bemerkte unser Missgeschick der Hafenmeister Braun. Er holte ein richtig langes Tau und warf es Michael zu. Damit zog er das Boot nebst Michael quer über den Hafen an die Stege. Geschafft. Meine Hilflosigkeit kroch weiter durchs Unterholz Richtung Hafen. Die beiden Männer fachsimpelten noch eine Weile um den Grund des Ausfalls zu erörtern, dann luden wir unser Boot wieder auf den Trailer. Nasse Schuhe und Füße hatte Michael bereits und so war es nicht mehr schlimm, dass er beim Aufladen an der glitschigen Anlage doch im Wasser stand. Auch hier die Gebühr fürs Slippen in den Wind geschrieben. Auf dem Weg nach Hause überlegten wir, woran es wohl gelegen haben möge. Der Impeller? Das war so meine Idee - konnte es nicht sein, der war ganz neu. Es ließ Michael keine Ruhe, woran der Motorausfall lag. Noch am späten Nachmittag nahm er ihn auseinander. Als erstes das Teil mit dem Impeller. Genau der war nicht mehr da. Er hatte sich fast vollständig aufgelöst. Ich musste die Rechnung zwischen all den Papieren raussuchen, damit er einen Neuen bestellen konnte. Ich plädierte dafür, gleich zwei zu bestellen und einen im Boot aufzubewahren. Der Impeller war dann binnen weniger Stunden gewechselt. Das passiert nicht noch mal."

Nach einer Pause erklärte Rike, dass es ihnen auch nicht viel besser ergangen sei. Wenn sie sich beim nächsten Mal treffen würden, würden sie ihren Erfahrungsaustausch fortsetzten. Langsam entwickelte sich eine Freundschaft zwischen den Paaren. Doch fuhren sie weiter getrennt ihre eigenen Wege, im eigenen Tempo.

Manuel und Rike erreichten am Folgetag den Schwielowsee. Auf dem See machten sie Pause. Der Motor war aus. Das Wasser plätscherte leise und sanft schaukelten sie die Wellen. In der Ferne fuhr ein Ausflugsschiff der Potsdamer Flotte. Das Schiff sah toll aus, sehr modern. Rike hatte angefangen zu filmen. Einmal um die eigene Achse. Der See war riesig. Das Schiff verfolgte sie mit dem Sucher und war auf die Welle gespannt. So weit weg konnte sie ihnen nichts anhaben. Langsam kam die Welle nääääher. Sie lagen quer zu ihr. Oh, die wird immer größer. Hecktisch rief Rike:

„Manuel mach den Motor an! Das Boot in die Welle drehen!"

Ihr steckte noch die Trog Brücke in den Knochen.

Und schon hatte sie die Welle erreicht. Einige ordentliche Sätze auf dem Wasser und dann ein Lacher von beiden. Auf dem Video sah man zu Hause von dieser Szene nur Füße.

In Häfen und an Schleusen sahen sie sich und bekannte Boote wieder. Vor den Schleusen stellte Skipper sich brav hinten an. Dann frug Skipper den Vordermann, ob man sich schon beim Schleusenwärter angemeldet habe. Nun gut, die meisten Skipper besaßen ohnehin Funk. Sie meldeten sich bereits während der Anfahrt an. Manuel und Rike taten es ganz altmodisch an den Sprechsäulen am Warteplatz. Aus den Schleusen fuhren sie stets im „Gänsemarsch". Man winkte noch mal und dann fuhr jeder wieder seinen Weg. War schon witzig. So auch ein Boot mit einem Hundchen. Es wird wohl ein Terrier gewesen sein. Jedenfalls machte dieses Hundchen beim Schleusen einen mörderischen Radau. Es erinnerte beide an des Nachbars Hund Allyrius. Er macht auch stets Radau, wenn er allein ist. Nach der dritten Begegnung und als Nachbar im Hafen sprach Manuel seine Besitzer an. Er erfuhr, dass das Hundchen van Ober Sein beim Schleusen viel Angst hat. Armes Tierchen. Manuel dachte so an ihren Hund. Ob er wohl mit ihnen überhaupt auf ein Boot gehen würde? Kleine Seele in sehr großem Hund.

Auf dem Weg nach Potsdam erreichten sie die Insel Werder. Es war Mittagszeit und sie hatten ein klein wenig Hunger. Also entschieden sie, Rast zu machen. Das Restaurant „Arielle" sah sehr einladend aus. Sie legten ganz galant am Anleger an und gingen die paar Schritte zum Restaurant.

Es ist nicht nur ein normales Restaurant. Der Gast kann sich über das Fischen, Räuchern und Zerlegen der in der Havel und seinen Seen beheimateten Fische informieren. Dass ein Wels solch eine Größe erreichen kann. Gigantisch. Rike kannte Welse aus der Aquaristik. Auch genannt „Scheibenlutscher". So süße kleine Fischchen. Was Frau hier zu sehen bekommt, ist eine andere Größe. Ausgestellt sind die „abgenagten Rippen" sehr großer Fische. Dazu sind die filetierten

Fische mit Art, Herkunft und vermutlichem Alter auf nette Art und Weise beschrieben. Der Besuch lohnte sich wirklich. Manuel isst sehr gern Rotbarsch. So bestellte er sich ein leckeres Gericht vom Rotbarsch. Für Rike gab es eine Gemüsepfanne mit Huhn. Sie mag nur viereckigen Fisch, jener hat keine Gräten. Das mag wohl daher kommen:

Vor gefühlten fünfzig Jahren bekamen sie hoch angepriesenen Karpfen blau. Das kannte das Kind nicht. Sie kannte wohl Hering aus der Dose, das war auch schon alles. Mit großem Appetit steckte die kleine Rike sich ein Stückchen Karpfen in den Mund. Was sie beim Kauen bemerkte, waren jede Menge Gräten. Das sagte Rike niemand. Sie fing an, jede Gräte einzeln aus dem Mund zu nehmen und ordentlich am Rand des Tellers rund herum abzulegen. Vom Fisch blieb nicht viel übrig. Nach diesem ersten Geschmackserlebnis filetierte die kleine Rike sorgfältig den Fisch und nahm jede Gräte Einzel heraus. Wie lange das dauert, könnt ihr Euch vorstellen. Noch heute hat sie die Erinnerung an dieses kalte und lange Mittagessen. Seit her gibt es nur noch Fisch ohne Gräten.

Ausruhen in Potsdam

Sie hatten es wirklich bis Potsdam geschafft. Die Strecke ist einfach traumhaft. Rike freute sich schon auf die zwei Tage Ruhe und die Erkundung der Stadt inklusive Schoß Sans Souci.

In Potsdam angekommen suchten sie einen Hafen wie an jedem Abend. Trotz so vieler Häfen war kein Plätzchen für die „Eichsfeld“ frei. An einer Kaimauer konnten sie fest machen. Das war dort sogar kostenlos. Das Wasser war so sehr in Bewegung, dass die „Eichsfeld“ keine Ruhe fand und ständig mit der Wand kollidierte. Rums, rums und gleich wieder und gleich wieder Schrammen. Immer wenn ein Schiff vorbei fuhr, stießen sie mit der Mauer zusammen. Und hier fuhren sehr viele Schiffe. Große Passagierschiffe, große Bootstaxen gelb lackiert, kleine Yachten wie die „Eichsfeld“ und große Yachten. Hier schlafen? Das geht nicht. Etwas deprimiert und erschöpft schauten sie sich um. Im Hintergrund war eine riesige Baustelle. Hier entstand ein nagelneues Bürogebäude. Den Lärm hatten sie auch noch. An der Kaimauer unterhielten sich sehr angeregt einige Frauen und tauschten das Neuste vom Tag und dem Viertel aus. Rike und Manuel sehnten sich nach ein wenig Ruhe. Sie waren wirklich erschöpft. Zugegeben, der Motor über Stunden hinten am Heck war nicht leise. So tat es auch ganz gut, wenn sie am Abend einfach nur das Wasser plätschern hörten. Entspannung auch für die Ohren.

Einige Meter weiter war ein Yachthafen. Der Hafenmeister hatte für die beiden ein Herz und einen Platz. Manuel bekam an der Anmeldung gesagt, an welchem Steg sie festmachen dürfen. Sie zählten die Liegeplätze ab. Hier musste die zwanzig sein. Sie machten fest. Gerade wollten sie sich einrichten und die Sachen zum Duschen zusammen packen, als sie von einem Skipper darauf aufmerksam gemacht wurden, dass sie an seinem Liegeplatz lägen, für welchen er viel Geld bezahlt habe. Manuel erwiderte:

„Der Hafenmeister hat uns zu Platz zwanzig geschickt. Wenn ich von vorn durchzähle, ist hier Platz zwanzig.“

Der Mieter – Herr Linke - von Platz zwanzig erklärte Manuel:

„Du musst anders zählen. Nicht von vorn, sondern immer einen rechts, einen links vom Steg. Also liegt ihr auf unserem Platz. Eurer Platz zwanzig ist dort.“ Er zeigte schräg gegenüber auf den freien Anlegeplatz.

„Das muss man erst mal wissen.“ sagte Manuel.

Rike parkte gemeinsam mit Manuel ihre „Eichsfeld“ um. Dann wollten sie duschen gehen. Da Manuel nur noch ein einziges fünfzig Cent Stückchen hatte und auch das Kabel zu kurz bis zur Landstromsteckdose war, ging er zuerst. Nach sehr kurzer Zeit kam er wieder, man war der schnell. Duschen? Nein, in die Automaten der Dusche können ausschließlich fünfzig Cent Münzen eingeworfen werden. Er versuchte an der Anmeldung Geld zu wechseln, aber man konnte ihm nicht helfen. Nichts mit Duschen. Am frühen Abend erreichte den Hafen noch ein kurzes Gewitter. Es regnete heftig. Sie und das innere der „Eichsfeld“ blieben trocken. Lediglich an den Fenstern lief ein wenig Wasser hinein. Das mussten sie zu Hause abdichten. Wieder eine Aufgabe.

Sie wollten am nächsten Tag Potsdam erkunden und zum Schloss Sans Souci. Das Wetter meinte es gut mit Manuel und Rike. Auf der Anmeldung war rückseitig ein kleiner Stadtplan von diesem Bezirk.

„Schau an, Sans Souci ist nicht weit weg.“ freute sich Rike.

Also auf zum Schloss. Das wird doch wohl ausgeschildert sein, so ein berühmtes Schloss. Sie waren schon eine ganze

Weile zu Fuß unterwegs als sie bemerkten, dass sie weder Handy noch Karte dabei hatten. Keine Bilder machen können, keinen anrufen können, nicht zu Recht finden, kein Navy dabei. Schlimmer konnte so ein Ausflug nicht beginnen. Es gab ein einziges Hinweisschild auf dem Weg zum Schloss. Irgendwie und nach geraumer Zeit erreichten sie den Park. Nun standen sie an einer Weggabel. Wie im Supermarkt latscht man erst mal nach rechts. Das taten sie in der Hoffnung, einen Eingang mit Hinweisen zu finden. Sie liefen und liefen. Sie erkundeten die geheimsten Ecken im Park ohne zu wissen, wo sie waren. Es gab keine Schilder.

Nach Stunden standen sie in der Chaussee zum Schloss. In Rikes Handtasche fand sich die kleine Action Cam. Nun konnten sie wenigstens einige Fotos machen. Sie waren einfach zu erledigt, um sich intensiv die Gebäude ansehen zu wollen. Sie wollten einen Kaffee und eine Kleinigkeit essen. Es gab auch Gastronomie im näheren Umfeld. Endlich einen Kaffee. Als sie die Preise sahen, hatten sie keinen Kaffeedurst mehr und der Hunger war sofort vergangen. Einen Imbißstand gab es noch. Hier konnte man aber keinen Kaffee bekommen. Nun gut, dann eben nicht. Die Stimmung war sehr gesunken.

Da sie im Hafen kein langes Ladekabel ausleihen konnten, warum auch immer, denn sie lagen hinter dem Tresen, beschlossen sie einen Baumarkt zu suchen. Also gingen sie Richtung Innenstadt. Sie liefen und liefen. An einem Einkaufscenter angekommen, waren sie voller Hoffnung. Vergebens, hier gab es keine Elektroabteilung. Der Passant, welchen sie frugen, konnte nur auf außerhalb von Potsdam verweisen. Keine Chance zu Fuß zu erreichen. Sie versuchten es weiter. Potsdam ist an sich eine schöne Stadt. Die vielen Gebäude lassen sich gut anschauen. Wovon sie wirklich begeistert waren, war der Hähnchen Döner und die türkische Brause. Und endlich sitzen, ausruhen. Sie sahen wirklich viel und alles erlaufen. Rike war erstaunt, dass auf den großen Alleen kaum Menschen unterwegs waren. Erst richtig fiel es zu Hause beim Anschauen der Fotos auf. Fahrräder sahen sie ebenfalls nicht oft. Ja, die Fahrbahnen der Alleen, die waren schon sehr voll. Bei den breiten Alleen störte es aber nicht.

Obwohl sie bereits mehr als fußlahm waren, genossen sie doch die Eindrücke der Stadt. Auf der Suche nach dem Rückweg gelangten sie an einen Anleger für Taxi Schiffe. Rike war sehr schnell bereit, mit einem der Schiffe zurück zu fahren. Man hätte schließlich auch fragen können, ob eines der Schiffe in Richtung Yachthafen fährt. Manuel war sehr skeptisch und so ließen sie es. Sie fanden den Hafen auch ohne Navi, Auskünfte und Stadtplan.

Potsdam würden sie so schnell nicht noch Mal besuchen. Zumindest nicht ohne Räder.

Am Abend begrüßte sie ein Graureiher am Steg gegenüber. Er flog auch nicht weg, wenn Menschen kamen. So aus der Nähe sieht man ein solches Tier nicht oft. Zumindest nicht in freier Natur. Der spitze Schnabel und der gebogene Hals dazu, wie eine gespannte Feder lauert er so auf seine Beute unter Wasser. Das Federkleid ist in dezentem grau gehalten. Er trägt ein schwarzes Stirnband. Wo diese Vögel sich das wohl abgeschaut haben. Zu nah sollten die Menschen doch nicht sein. Dann machte er sich aus dem Staub. Ab diesem Tag sahen sie jeden Tag einen Graureiher. Es hatte den Anschein, als ob er die beiden begleiten würde.

Am nächsten Tag machten sie sich wieder auf den Weg. Sie fuhren weiter durch Potsdam Richtung Caputh. Unter der Glienicker Brücke hindurch. Vom Wasser aus ist Potsdam eine wunderschöne Stadt. Für Architekturliebhaber ein echter

Hingucker. Die kleinen und großen Schlösschen an den Ufern und die vielen schönen Häfen mit ihren noch schöneren Booten und imposanten Wassergrundstücken machen schon was her.

„Dorothee und Michael wohnen hier in Potsdam.“ sagte Manuel, „Ob wir das wohl finden?“

Rike sagte: „Sie haben ihr Wassergrundstück hier und verbringen den Sommer dort, hat mir Michael erzählt. Du hast von ihm die Telefonnummer, du solltest ihn anrufen und fragen, ob wir kommen dürfen. Dann kannst du nach dem Weg fragen.“

Gesagt getan. Michael beschrieb ihm die Richtung. Das Finden war dann nicht mehr schwierig. Rike sagte ihm die Richtung an.

„Vorn musst du rechts fahren.“ sagte Rike.

An der Gabelung fuhr Manuel nach rechts. Sie gerieten in sehr seichtes Wasser.

„Bist du sicher, dass du rechts gemeint hast?!“ Manuel wurde etwas grantig. Er hatte Sorge, das Boot auf Grund zu setzten.

„Nein, ich meinte das andere rechts.“ entschuldigte sie sich.

Manuel schüttelte den Kopf.

„Dass du das nicht lernst. Hier kann ich nicht wenden. Hoffentlich fahren wir uns nicht fest. Du steigst aus und schiebst!“ Manuel grinste.

Ganz langsam fuhren sie weiter. Rike schaute rechts nach der Tiefe des Wassers, Manuel behielt das Lot im Auge. So tasteten sie sich vorwärts und kamen durch.

Den Weg zurück wollten sie nicht nehmen und so entschieden sie, den anderen Nebenarm zu versuchen. Siehe da, nach kurzer Zeit lag schon die „ANNA Sophia“ am Steg.

Das war eine Freude. Als ob sie sich schon ewig kannten, fielen sie sich in die Arme. Michael hatte bereits den Grill angeheizt. Dorothee leckere Salate zubereitet. An diesem Abend waren Manuel und Rike eingeladen. Rike wusste, dass im Kühlschrank noch ein Rest an Würstchen war. Den holte sie nun vor. Schade, die sahen komisch aus und rochen noch seltsamer. Schnell kamen sie ins Gespräch.

„Michael, du wolltest von eurer nächsten Fahrt erzählen." ermunterte ihn Rike und er begann zu erzählen.

Ein neuer Versuch auf der Weser.

„Es ist Frühling geworden.“ begann er zu erzählen.

„Das Wetter war angenehm, die „ANNA Sophia“ startklar. Nach der Pleite in Bad Karlshafen wagten wir einen zweiten Versuch. Wir wollten schon gern wissen, was unsere „ANNA Sophia“ kann. Also fassten wir uns ein Herz und fuhren samt Boot wieder Richtung Bad Karlshafen. Frau Navi konnte uns an diesem Tag den Weg gut erklären. Lediglich in Bad Karlshafen hatte sie wieder Probleme. Ich hatte den genauen Standort nicht eingegeben. Aus dem Gedächtnis wussten wir noch, dass wir eine Straße rechts bergab mussten. Das taten wir auch. Blinker rechts und in die kleine Straße eingebogen. Es ging steil bergab. Der Weg kam uns überhaupt nicht bekannt vor. Auf meinen Orientierungssinn können wir uns immer gut verlassen. Wir mussten wieder zurück. Also suchten wir eine Wendemöglichkeit. So sind wir mit unserem Boot im Schlepptau vor einen Radweg entlang der Weser geraten. Ein Wenden war hier nicht möglich. Vor uns der Radweg, hinter uns ein Brückchen von etwa einem Meter Breite und als drittes die steile Straße von der wir kamen. Hier konnten wir nicht drehen und nicht rückwärts schieben. Also fuhren wir den Radweg entlang in der Hoffnung, eine Wendemöglichkeit zu finden. Die erstaunten Gesichter kann man sich leicht vorstellen. Manch einer wurde ausfällig und ahmte den Scheibenwischer nach. Ein solches Gespann von circa zehn Metern Länge und zwei Meter zwanzig Breite gehört wirklich nicht auf den Radweg. Gottlob war der Radweg geteert. Was hilft’s. Verfahren bleibt verfahren. Wir fuhren schon eine Weile auf der Suche nach einer Wendemöglichkeit als wir endlich einen netten Menschen trafen, welcher uns der Weg zurück erklärte. Dann war es nicht schwer, den Yachthafen zu finden. Die Hinweisschilder übersahen wir bei der Einfahrt in die Stadt wohl. Nun wissen wir, vor der Tankstelle rechts in die Straße einbiegen und dann dem Weg folgen. Wir waren angekommen.

Hafenmeister Braun konnte sich noch gut an uns erinnern. Solch ein Manöver wie wir im Herbst geliefert hatten, gibt es sicher nicht oft zu sehen. Wir waren damals nicht die Wolga Treidler sondern die Weser Treidler. Er frug, ob der Motor jetzt in Ordnung sei. Wir nickten verhalten und so konnte das Einslipen beginnen. Das ungute Gefühl war geblieben.

Erst das Boot beladen – Kanister mit Benzin, Kanister mit Wasser, Proviant, Geschirr, Handtücher und die Toilette - , dann die Sicherungsgurte lösen, den Trailer Balken mit der Elektrik einschieben, die Elektrik vom Auto lösen, eine Leine gleich an Land legen, Gummistiefel anziehen. Alles lief perfekt. Wieder rutschte der Haken nicht über die Arretierung vom Trailer. Noch Mal mit der Winde anziehen, wieder die Winde lösen, ruckeln und schieben. Die „ANNA Sophia“ schwimmt.

Dorothee nutzte die kurze Zeit des Luftholens und sagte:

„Ich sollte das Boot mit dem Seil halten, was ich auch tat. Jetzt musste sie noch an einen der Stege gezogen werden. Links neben uns wäre am Leichtesten gewesen, aber da hatten Feuerwehr und Polizei festgemacht. Also die „ANNA Sophia“ weiter entlang der ins Hafenbecken ragenden Stege ziehen. Es sieht ein bisschen aus wie ein Kamm. Links der Griff zum Halten, rechts die Zinken und zwischen den Zinken lagen schon die kleinen Yachten verzurrt. Bis ganz nach vorn an den ersten Steg ging Michael und manövrierte die „ANNA Sophia“ händisch um die Stege und Boote herum. Ups. Ein kleiner Rempler, nichts passiert, keiner sah es, keine Schramme. Ich lief auf dem wankenden Steg hinterher und hielt das Tau. Das Gehen auf dem Steg ist gewöhnungsbedürftig, zumal ich mit dem Gleichgewicht so meine Probleme habe. Geschafft. Die „ANNA Sophia“ noch kurz festmachen, dann einsteigen und Motor an. Er brauchte wie immer etwas Zuspruch, lief dann aber tadellos.“

„Das Wetter war toll.“ übernahm wieder Michael das Erzählen:

„Die Sonne meinte es gut mit uns. Die beste Gelegenheit, unsere Errungenschaft, das Sonnenverdeck auch Bimini genannt zu testen. Und dann konnte es losgehen. Kaffee kochen konnten wir nun auch. Über die Wintermonate hatten wir uns mit allem, was man an Bord so brauchen könnte, eingedeckt. So auch einem kleinen Gaskocher. Auf jeder Seite hatte ich neben dem Eingang der Kajüte eine Tassenhalterung angebracht. Das wird sich auf alle Fälle bezahlt machen. Eine Camping Toilette hatten wir nun auch. Werkzeug und ein Ersatzimpeller waren auch an Bord. Wir hatten wirklich an alles gedacht.

Es konnte losgehen. Der Motor lief ruhig und rund. Vor der Hafenausfahrt entschied ich dieses Mal bergab zu fahren, also mit der Strömung. Ich wollte die Weser testen und die „ANNA Sophia“. Was, wenn der Motor wieder ausfällt. Wir waren beide nervös. Wir wurden ruhiger, als der Motor ruhig vor sich hin tuckerte.

Wir genossen den warmen Sonnentag auf dem Wasser. Wie wir, so dachten auch alle anderen Bootseigner und Paddler. Es war der erste wirklich warme Sonntag in diesem Jahr und viel Verkehr auf der Weser. In jedem kleinen Ort machten die Feuerwehr und das THW Übungen. Unser Boot war mit seinen 15 PS eine wahre Rennschnecke gegen die anderen Boote. Wir wurden ständig überholt. THW und Feuerwehr testeten ihre Geschwindigkeit aus. Hier konnten wir üben, gegen die Wellen zu fahren und üben, nicht zu kentern. Trotzdem genossen wir die Fahrt. Wir fuhren durch Lauen Förde und Höxter nach Holzminden. Für diese Strecke brauchten wir zwei Stunden. Wir wären gern noch weiter gefahren, mussten aber den Rückweg einplanen. Wir rechneten mit mindestens vier Stunden. Mit durchschnittlich sieben Kilometer pro Stunde ging es von Holzminden zurück nach Bad Karlshafen. Dann noch die Strömung dazu, wir konnten eigentlich die Steine im Flussbett zählen. Die „ANNA Sophia“ tanzte auf den Wellen. Nun war jedes Boot schneller als wir. Nach einigen Booten wusste ich, noch ehe uns der Berg der Welle erreicht, das Boot in die Welle drehen, dann schaukelte die „ANNA Sophia“ ganz sanft. Es fühlt sich wahrscheinlich an wie in einem Kinderwagen.

Es war ein schöner Tag. Das Kaffeekochen klappte gut, aber nicht an Deck. Der Fahrtwind blies die kleine Flamme ständig aus. Kurzer Hand entschieden wir, das Kochen in die Kajüte zu verlegen. Den kleinen Tisch unter der Decke herunterlassen und den Kocher drauf. Passt. Hier blieb die Flamme an. Unser kleiner Wasserkessel mit seinem einen Liter Fassungsvermögen reicht genau für zwei Tassen Kaffee. Topflappen vergessen. Mist. Der Griff wird ganz schön heiß. Als Notbehelf dient das Geschirrhandtuch. Das Abwaschen ging flott. Die Tassen einmal in die Weser gehalten und schon sind sie wieder sauber und bereit für den nächsten Kaffee. Einen Abwaschlappen hatten wir auch nicht dabei. Spülmittel auch vergessen. Toll. Dann bleibt also nur abtrocknen. Die Tassen kamen in die dafür vorgesehene Halterung. Da die Kaffeepötte außen eine Gummiisolierung haben, konnte man sie gut halten und kein Henkel störte. Das ging super. Der Kaffee konnte in Ruhe abkühlen, ohne dass die Pötte umfallen würden.

Die Paddelboote waren schlimm. Sie fuhren überall, mitten auf der Weser, rechts und links und nebeneinander. Man kam sich vor, wie bei einer Slalomfahrt. Wir dachten, dass man auf dem Wasser auch rechts fahren soll. Anscheinend unterlagen wir einem Irrtum. Dann gab es noch die Schlauchboote, Ruderboote und Funboote. Das sind zum Beispiel reifenartige Boote in denen die Menschen kreuz und quer liegen und sich vom Wasser treiben lassen. Ich weiß gar nicht, ob die auch Paddel haben. Diese Menschen, in der Hauptsache junge Leute hatten auf alle Fälle viel Spaß und genossen die Sonne. Wir auch. Obwohl wir aufpassen mussten, dass wir niemanden übersehen. Wenn dann noch die Badegäste dazu kommen, ist die Weser überlastet. Ach ja, die Passagierboote nicht zu vergessen. Wir als Anfänger waren ganz schön gefordert bei diesem Sonntagnachmittag Ausflug.

Die eingeplanten vier Stunden für die Rückfahrt nach Bad Karlshafen brauchten wir auch. Die „ANNA Sophia" meisterte die erste Ausfahrt exzellent. Wir können auf große Fahrt gehen. Die Technik ist perfekt und die Ausstattung vollkommen ausreichend für den kleinen Bootscampingurlaub. Wir freuten uns schon auf unseren ersten Urlaub auf dem Wasser. Inzwischen hatte Dorothee auch die passende Technik, um das Bug zu erreichen. Sie kroch auf allen vieren über die Kajüte und konnte sicher das Bug erreichen. Ich war trotzdem schneller."

Der Abend war angenehm, die Stimmung gut. Rike schaute sich um und entdeckte die gepflegten Blumenbeete.

„Wer von euch ist hier der Gärtner?" wollte sie wissen.

„Das ist Michaels Refugium. Ich kann mir einen Strauß abschneiden. Ich kann nicht wirklich zwischen Unkraut und

Zierpflanzen unterscheiden. Ich kümmere mich dafür um den Rasen.“ antwortete Dorothee.

„Bei uns zu Hause übernimmt Rike den Garten. Sie lässt mich auch nicht helfen. Lediglich das erste Mähen im Jahr muss ich machen.“ erzählte Manuel.

Rike berichtigte: „Wenn du nicht immer sagen würdest, ‚das muss heute nicht sein‘ hätte ich schon oft Hilfe nötig. So MUSS ich alles allein machen. Dafür ist der Garten so, wie ich ihn will und wie ich es kann. Michael, zeigst du mir den Garten? Ich könnte noch einige Ideen gebrauchen.“

Sie gingen langsam durch den Garten. Michael erklärte, zeigte und bot Ableger oder Samen an. Rike lauschte aufmerksam. So gesprächig hatte sie ihn noch nicht erlebt. Michael war voll in seinem Element. In einer lauschigen Ecke des Gartens setzten sie sich in die Sonnenliegen und tauschten Erfahrungen aus. Michael erzählte und erzählte wie er Pflanzen vermehrt, Humus herstellt und in Frühjahr die Beete düngt. In Pflanzenbörsen bietet er Samen und Ableger an, tauscht oder verkauft das ein oder andere Pflänzchen oder deren Samen.

Rike völlig aufgelöst

Die Sonne war schon untergegangen. Es wurde kühl. Rike wollte sich eine Jacke aus dem Boot holen. Als sie an der Terrasse vorbei kam, waren Dorothee und Manuel nicht da. Sie dachte sich nichts dabei.

‚Sind vielleicht rein gegangen. ‘ und ging weiter Richtung Anleger und „Eichsfeld“. Vom Boot holte sie sich die warme Jacke und wollte wieder zurück zu Michael, als sie auf der „ANNA Sophia“ Aktivitäten und Licht bemerkte. Nichts Böses ahnend stieg sie auf das Boot, ging die paar Stufen zur Kajüte hinunter und durch den schmalen Gang Richtung der Geräusche und sah Dorothee und Manuel. Ihr stockte der Atem. Manuel betrog sie mit Dorothee. Auf dem Absatz drehte sie sich rum und lief so schnell sie konnte zu ihrem Boot. Die beiden hatte sie bemerkt, Manuel konnte ihr aber nicht so schnell folgen, da er sich erst anziehen musste. Rike nutze die Gelegenheit. Sie startete den Motor und legte zum ersten Mal ganz allein ab. Zum ersten Mal auch in der Dunkelheit. Manuel rief hinterher:

„RIKE, es tut mir Leid! Du kannst doch nicht einfach wegfahren. Bleib hier. Du kannst das noch nicht!“

Rike reagierte nicht. Unbeirrt fuhr sie weiter. Sie wusste weder wohin sie fuhr, noch wohin sie wollte. Sie wollte nur weg und zwar allein. Wut und Enttäuschung brachen in einem Anfall aus Tränen und Schluchzen aus ihr heraus. Rike fuhr einfach drauf zu. Mal links in einen Seitenarm, Mal rechts in einen Seitenarm, sie kam nicht weit mit der „Eichsfeld“. Nach einer Biegung hatte sie das Boot auf Grund gesetzt. Es war ihr egal. Sie machte den Motor aus und kümmerte sich weder nicht um den Standort oder die Lage des Bootes. Völlig verheult und immer noch wütend warf sie sich in ihre Koje. Allein in der Kajüte beschimpfte sie Manuel mit allem was ihr Wortschatz her gab, in Gedanken zerrte sie Dorothee an den Haaren und warf sie ins Wasser, schlug wie wild dann wieder auf Manuel ein. Es half alles nichts. Beide waren nicht da, um ihren Frust und ihre Wut aushalten zu müssen. Wieder brach sie in Tränen aus und schluchzte laut vor sich hin.

Von alledem hatte Michael nichts mitbekommen. Erst als er Manuel rufen hörte, ging er zum Steg. Inzwischen war Dorothee etwas leicht bekleidet aus der „ANNA Sophia“ geklettert. Sofort verstand Michael, was hier vor gefallen war. Allein der Blick, als ob man sie beim Abschreiben erwischt hatte, erklärte alles. Michael war ein ruhiger Mann, nun aber wurde er sehr aufbrausend und schrie beide an:

„Wie oft soll ich das noch mitmachen, Dorothee!? Immer wieder die leeren Versprechen, das war das letzte Mal. War es denn das letzte Mal? Und du, Manuel? Hast du nicht eine tolle Frau, musst du dich an meiner vergreifen?! Sieh zu, dass du Land gewinnst. Verschwinde! Dorothee, du packst besser deine Sachen und fährst nach Hause. Ich will dich nicht sehen. Ich will allein sein, um zu überlegen.“

Er ging zurück in seine Sitzecke, in welcher er einen schönen Abend mit Rike verbrachte. Beide hatten sich so gut unterhalten. Alle vier schienen gut zusammen zu passen, und nun das. Ihm kullerte eine Träne über die Wange. Was sollte er machen. Das x-te Mal Dorothee verzeihen? Wie oft noch?

Nach einer ganzen Weile traute sich Manuel zu dem sehr enttäuschten und noch wütenden Michael.

„Bist du immer noch da?! Du sollst abhauen!“ brüllte er Manuel an.

Ganz kleinlaut antwortete er:

„Ich kann nicht. Rike ist mit dem Boot weg. Es ist dunkel und wir waren noch nie im Dunkeln unterwegs. Rike kann noch nicht anlegen und allein sowieso nicht. Sie findet sich in den vielen kleinen Kanälen nicht zurecht. Wer weiß, wo sie jetzt ist. Wenn wir sie nicht suchen, habe ich Sorge um sie."

„Das fällt dir aber früh ein!" erwiderte Michael barsch und ging zu ihrem Boot. Dorothee war noch auf der „ANNA Sophia" um ihre Sachen zu packen und Ordnung zu machen, als Michael dazu kam.

„Hast du mitbekommen, dass Rike weg ist?" sie nickte.

„Und du hast sie einfach fahren lassen?! Gehst noch!? Los Manuel steige ein, wir suchen Rike und euer Boot." sagte Michael zu den beiden. Manuel und Dorothee trauten sich nicht zu wiedersprechen. Schuldig wie kleine Kinder, welche ein Bonbon gestohlen hatten, folgten sie wortlos seinen Anweisungen. Jeder der beiden stand auf einer Seite vom Boot, um die Gegend nach der „Eichsfeld" abzusuchen. Michael hatte den großen Suchscheinwerfer eingeschaltet. Sie fuhren und fuhren. Keiner sprach ein Wort. Manuel stand über Stunden auf der linken Seite an Deck, Dorothee rechts. Sie konnte die „Eichsfeld" nicht finden. Es war schon lange nach Mitternacht, als Michael das Schweigen unterbrach:

„Wir fahren zurück. Heute Nacht können wir sie nicht finden. Hat sie ein Handy an Bord? Dann ruf sie an." sagte er zu Manuel.

„Sie wird nicht abnehmen. Ich kenne sie." erwiderte er.

„Dann rufe ich sie an." sagte Michael.

„Auch dann nimmt sie nicht ab. Nummern, welche sie nicht kennt, die Gespräche nimmt sie nicht an. Das ist auch meine Schuld." erklärte Manuel.

„Wieso denn das? Es könnte doch wichtig sein." jetzt hatte Dorothee ein Thema, um mit Michael wieder ins Reine zu kommen.

„Das führt jetzt zu weit.“ sagte Manuel. „Was könnten wir noch machen?“ frug er die beiden.

„Nichts. Zumindest heute Nacht. Wir versuchen es morgen früh, wenn es hell ist. Sollten wir sie bis zum Mittag nicht gefunden haben, rufen wir bei der Wasserschutzpolizei an. Die werden euer Boot und Rike schon finden.“ antwortete Dorothee.

„Nicht so! Ihr beiden werdet heute Nacht am Anleger bleiben und schauen, ob sie vorbei kommt. Aber einer nach dem Anderen. Glaubt nicht, dass ich euch noch mal eine Gelegenheit für euer Tächtel Mächtel biete.“ antwortete Michael barsch.

Wieder war Ruhe. Beide hielten sich an die klare Ansage von Michael. Aber Rike kam mit der „Eichsfeld“ nicht vorbei.

Konnte sie auch nicht. Sie war inzwischen eingeschlafen. Als die Sonne auf gegangen war, wurde auch Rike wieder munter. Sie hatte Migräne und zwar heftig. Ehe sie noch ihr starkes Migränemittel nehmen konnte, musste sie sich übergeben. Sie kroch wieder in die Kajüte, lutschte die Tablette gegen die Migräne und versuchte Ruhe zu finden. Neben sich die Abwaschschüssel. Wie immer bei diesen Attacken fror sie. Die Füße waren eiskalt und die Hände auch. Sie war nicht in der Lage, sich noch etwas Warmes anzuziehen. Sie lag einfach nur da und hoffte, dass die Tablette bald wirken möge. Der Kopf hämmerte, das Auge schmerzte, auch die Nase tat weh und der Magen rebellierte, obwohl er noch nichts bekommen hatte. Immer wieder musste sie sich übergeben. Nach etwa zwei Stunden war der Magen mehr als leer, es kam nur noch bittere gelbe Galle. So lag sie einfach nur da und wollte eigentlich gar nicht denken. Auch das gelang ihr nicht. Trotz der wahnsinnigen Schmerzen oder auch deswegen rollten wieder die Tränen über ihre Wangen. Es vergingen weitere Stunden. Sie rührte sich nicht. Es besserte sich nicht.

‚Noch ein Zäpfchen gegen Erbrechen. ‘ dachte Rike. Sie quälte sich zu ihrem Waschbeutel und fingerte das Zäpfchen heraus, dann verabreichte sie es sich und legte sich wieder hin. Weitere Stunden vergingen. Sie war wirklich eingeschlafen. Als sie erwachte, hatte der Kopf aufgehört zu hämmern und auch der Magen war still. Der Kreislauf meldete sich. Ihr war schwindlig und flau, völlig kraftlos.

‚Einen Schluck trinken. ‘ und nippte an der Selters. Dann legte sie sich wieder hin. Der eine Schluck war im Magen geblieben, sie schlief noch einige Stunden weiter. Neben ihr stand noch immer die Schüssel. Sie konnte das Innere noch nicht ausleeren. Das musste warten.

Es ging langsam besser. Gegen Abend, die Sonne ging schon unter, wurde Rike wieder munter und bekam ein klein wenig Heißhunger auf ein Butterbrot mit Salz. Ein untrügliches Zeichen, dass die Migräneattacke vorbei war. Genüsslich kaute sie ganz langsam an der einen Scheibe Brot. Sie wusste, das Salz hilft die fehlenden Mineralien aufzufüllen. Morgen würde sie wieder gesund sein. Dazu hatte sich Rike einen Tee gekocht. Mit beidem saß sie nun an Deck und genoss die klare Luft und die Ruhe.

‚Die Schüssel muss ich noch leer machen, ‘ und nahm sich dieser ekligen Aufgabe an.

Die Gedanken an Manuel und Dorothee versuchte sie zu verdrängen. Jetzt war erst einmal ihr Kopf wichtiger.

‚Das Boot, es blieb gestern auf einem Mal stecken, ‘ fiel es ihr wieder ein. Sie schaute sich um, wo sie war, was mit dem Boot passiert war und entdeckte, dass sie die „Eichsfeld“

festgefahren hatte. Mit dem Bootshaken versuchte sie das Boot ein Stückchen zurück zu schieben. Sie hatte keine Kraft und die „Eichsfeld“ rührte sich keinen Zentimeter.

‚Dann eben morgen. Heute schwimmt sie jedenfalls nicht weg. ‘ dachte sich Rike.

Und immer wieder hatte sie das Bild von Manuel und Dorothee vor Augen. Warum, wieso? War sie keine gute Frau? Schön, in den Jahren der Hormonumstellung fiel das Abnehmen nicht mehr leicht, besser gesagt, es wendete sich eher ins Gegenteil. Die Haare wurden grau, das Gesicht bekam die eine oder andere Falte und auch der Damenbart wollte gepflegt werden. All das kannte Rike aus ihren jungen Jahren nicht.

‚Ich war immer eine schlanke und gutaussehende Frau. Ich habe immer für uns beide gesorgt und bin bei Manuel geblieben, als er die Firma vor die Wand setzte. Nie habe ich ihm wegen der immensen Schulden Vorwürfe gemacht. Ich habe Gerichtsvollzieher ertragen, die Scham, die blauen Briefe persönlich bei der Post abzuholen. Diverse Anrufe von Inkassobüros entgegennehmen müssen. Manuel hat unsere schönsten Jahre und die Jugend mit mir verbracht. Nun bin ich alt und werde einfach ausgetauscht. ‘ wieder überkam Rike ein Weinkrampf.

Einfach abgeschoben zu werden, konnte sie nicht ertragen. Sie hatte ihre Träume stets Manuel untergeordnet. Jetzt bekam sie die Quittung dafür. Rike liebte ihren Manuel noch wie am ersten Tag. Man mag es nicht glauben, aber wenn sie in seine Augen schaute, dann wurde ihr ganz warm uns Herz. Und jetzt das. Wieder wurde Rike so wütend auf Manuel.

‚Ich hätte mir auch eine andere Arbeit denken können. Dann hätte ich nicht so schwer schuften müssen. Ich hätte jede Woche zum Frisör gehen können und zur Kosmetik. Klamotten hätte ich mir kaufen können, das was mir gefällt. Nein, ich habe immer zugesehen, dass wir genügend Geld haben und mir nie etwas gegönnt. Das wird jetzt anderes. ' laut und zornig sprach sie:

„Das schöre ich dir!"

Es war schon dunkel, als Rike sich wieder in ihre Koje legte. Schlafen konnte sie nicht. Die Gedanken sprangen hin und her.

‚Ich werde mir gönnen, worauf ich Lust habe. Ich gehe Eis essen, ich gehe allein ins Kino und Theater. Museum wäre auch was. Welches zuerst? Pergamon, Eichsfelder Heimatmuseum oder doch den Louvre? Ich fahre in den Urlaub, ja, nach Hawaii. Oh ja, mal fliegen, wie sich das wohl anfühlt? '

So vieles, was sie noch vorhatte, für nichts konnte sie sich zuerst entscheiden. Bei den Vorstellungen an schöne Zeiten schlief sie ein.

Michael und die beiden Unglücksrabe verbrachten die ganze Nacht am Steg. Abwechselnd versuchten Manuel und er Rike per Handy zu erreichen. Nichts. Es blieb nichts weiter übrig, sie mussten bis zum Sonnenaufgang warten.

Die Sonne blinzelte gerade, als Michael das Boot klar machte. Sein Freund Thomas hatte am Nachbaranleger noch ein kleines wendiges Motorboot. Damit fuhren die Freunde manchmal zum Angeln raus. Also fuhren sie los. Wo lang, wo hin, keine Ahnung. Solange das Benzin im Tank reichte und der war groß, fuhren sie jeden kleinen Flussarm gefühlt zweimal ab. Nichts, die „Eichsfeld" war nirgends zu finden. Sie frugen die Skipper mit ihren Booten, ob sie Rike mit der unverkennbaren kleinen ehemaligen Segeljolle sahen. Einer meinte, das Boot in einem kleinen Nebenarm gesehen zu haben. Es lag dort auf Grund gelaufen, Rike aber hatte er und seine Besatzung nicht gesehen. Leider konnten sie sich nicht erinnern, wo das war. Die Sonne ging wieder langsam unter. Nun machten sich die drei wirklich Sorgen. Dorothee suchte die Nummer der Wasserschutzpolizei heraus und erzählte, was vorgefallen sei. Sie bat um Hilfe bei der Suche.

„Gute Frau, wir würden schon gern helfen, aber ihre Freundin ist erwachsen. Wenn das meine Frau gewesen wäre, sie würde genau reagieren und sich nicht finden lassen wollen. Wir dürfen erst nach achtundvierzig Stunden eine Vermisstenanzeige aufnehmen und mit der Suche beginnen. Was ich aber für sie tun kann ist, ich werde die Situation an die Beamten der nächsten Schicht übergeben. Bei ihren Kontrollfahrten können sie schon mal Ausschau halten. So haben wir morgen schon einen Teil des riesigen Gebietes kontrolliert. Sollte sich die Frau Müller inzwischen bei ihnen melden, dann sagen sie uns bitte Bescheid."

Das Ergebnis teilte Dorothee den beiden Männern mit. Betreten und mit Schuldgefühlen schaute Manuel vor sich hin.

„Wir fahren morgen wieder raus. Dorothee, du wirst heute Abend noch genügend Benzin kaufen. Für morgen wirst du für uns ebenfalls mit ausreichend Proviant eindecken. Das kannst du gleich alles einkaufen. Manuel, du wirst die Kosten übernehmen. Ich sehe nicht ein, dass ich für euch aufkommen soll." teilte Michael die Aufgaben ein.

Manuel nickte: „Rike hat aber alles im Boot, einschließlich Geld und Karten."

„Es hat Zeit, bis wir sie gefunden haben." erwiderte er.

„Soll ich dir bei den Einkäufen helfen?" frug Manuel Dorothee.

„Ich glaube wohl! Du bleibst hier! Ihr bekommt von mir keine Gelegenheit der Zweisamkeit mehr." schimpfte Michael.

Die Frage war auch äußerst unpassend. Manuel war ein durchaus hilfsbereiter Mensch. Er dachte in diesem Moment wirklich nur an die Hilfe und damit verbundene Dankbarkeit nach der Suche seiner Frau. Ruhe. Auch an diesem Abend saßen die drei wieder wortlos am Steg. Ab und an nickte Manuel ein. Die Müdigkeit übermannte ihn doch.

„Lasst uns schlafen gehen. Wir müssen morgen fit sein. Manuel, du kannst auf der ‚"ANNA Sophia"' schlafen. Dann hörst du gleich, wenn die „Eichsfeld" kommen sollte." sagte Michael. Wortlos gingen alle schlafen. Schlafen war nicht drin. Jeder von ihnen schreckte nach kurzer Zeit wieder hoch. Neben Dorothee lag auf dem Nachttisch das Handy. Sie hoffte insgeheim, dass die Polizei Rike und das Boot finden würde. Auf keinen Fall wollte sie das Klingeln überhören. So verging die Nacht. Am nächsten Morgen machten sie sich schon wieder bei Sonnenaufgang auf die Suche. Wo sollten sie nun wieder anfangen zu suchen? Wieder fuhren sie alle kleinen Wasserstraßen in der Gegend ab.

Rike schlief an diesem Morgen etwas länger. Die starken Medikamente und die fehlenden Mineralien zusammen mit dem Flüssigkeitsmangel machten sich noch bemerkbar. Außerdem konnte sie am Vorabend nicht einschlafen. Ihre Gedanken kreisten immer wieder um Manuel.

Die Sonne stand schon hoch, als Rike erwachte. Sie fühlte sich wie nach dem ersten großen Kater in ihrer Jugend.

‚Erst mal frühstücken. Wie wäre es mit einem Bad in der Havel? Ob ich wohl wieder ins Boot komme? Vielleicht treibt es auch ab, wenn mein Gewicht dann fehlt. Eine Badeleiter haben wir nicht. Ich könnte den Anker werfen, dann bleibt das Boot da. ‘

Nicht weit von der „Eichsfeld" war eine weit überladende Hängeweide. Dort würde sie versuchen, wieder ins Boot zu kommen. Gesagt, getan. Keine Menschenseele schaute zu.

Also traute sie sich völlig nackt ins Wasser. Sie genoss das Bad in der Havel. Nackt hatte sie noch nie gebadet. Es war eine tolle neue Erfahrung. Das würde sie Manuel erzählen. Ihre Gedanken stockten.

Sie brauchte den Baum nicht um zurück ins Boot zu kommen. Nun erst Mal einen guten Kaffee und etwas essen. Beim Frühstück überlegte sie, was sie nun machen konnte und wollte.

‚Ich kann ganz allein für mich entscheiden.

Manuel fehlt mir. ‘

Jetzt stellte sie fest, dass ihr Handy überhaupt nicht geklingelt hatte. Die ganzen zwei Tage nicht. Mit einem Blick auf das Handy staunte sie nicht schlecht. Anrufe über Anrufe. Manuel und eine fremde Nummer standen im Display. Sie hatte das Handy auf lautlos gestellt. Wann? Das wusste sie nicht mehr. Vielleicht noch vom letzten Arztbesuch.

‚Ich sollte doch anrufen und sagen, dass es mir gut geht. Ich bekomme das Boot allein nicht frei. Das sagte ich aber nicht. Sicher wird irgendwann ein Boot vorbei kommen und mir helfen. ‘

Rike telefonierte mit Manuel. Ihre Worte waren sehr distanziert. Manuel wusste nun endlich, dass es Rike gut geht. Mit Hilfe der Koordinaten vom Navi fanden sie Rike auch. Die drei waren sichtlich froh. Gemeinsam schoben sie die „Eichsfeld“ aus dem Schlick. Manuel bezahlte seine Schulden und dann verabschiedeten sich die vier voneinander. Sie würden sich nie wieder sehen.

Sie fuhren Richtung Mittellandkanal. Es ging langsam heimwärts. Aber es war erst der halbe Urlaub vorbei. Sie konnten sich nicht aus dem Weg gehen. Die Stimmung zwischen Rike und Manuel frostig. Beide redeten nur das Nötigste.

Anleger Angelverein „Stockfisch“ und die Ratten

Der erste Abend, an welchem sie keinen Platz in einem Hafen fanden. Nicht mal die klitzekleine „Eichsfeld“ hatte irgendwo Platz. Also suchten sie weiter. Sie kamen zu einem kleinen Nebenarm der Havel. Hier bogen sie ein, in der Hoffnung einen Platz in einem Hafen zum Übernachten zu finden. Nichts. Sie fuhren sie weiter, auf der Suche nach einer Wendemöglichkeit.

Siehe da, ein kleiner Steg. Schmutzig, mit Müll verziert und vergammelten Ruderbooten. Aber ein Anleger. Auch wenn das Gelände dem Angelverein „Stockfisch“ gehört und das Anlegen laut Schild verboten war, taten sie es trotzdem. Sie glaubten nicht, dass auch nur ein Angler im letzten Jahr, geschweige denn in diesem Jahr hier war. Also machten sie fest. Es war ruhig und friedlich. Sie bereiteten sich für die Nacht vor. Aßen zu Abend und saßen ein bisschen an Deck. Mit einem Mal schwammen Tiere im Wasser. Sie konnten es nicht deuten. Sie waren zu weit weg.

„ Iiiii“, rief Rike „Ratten! Hier bleibe ich nicht. Es reicht, dass wir zu Hause Ratten hatten. Erinnerst du dich?“

Manuel nickte. Auch ihm war nur zu gut die Erinnerung geblieben, als er das Rattennest im Hof ausheben musste. Ganz allein. Rike traute sich nicht mehr auf den Hof. In seiner Erinnerung sah er, wie er in den Eingang, welcher deutlich zu erkennen war, das Rattengift schob. Ihm war dabei sehr unwohl. Auch Manuel wollte den Tieren nicht begegnen. Woher waren die wohl gekommen? Wieso hatten sie sich im Hof angesiedelt? All das hatte er mit dem Schädlingsbekämpfer besprochen. Er teilte Manuel mit:

„Die kommen aus dem Abwasserkanal. Euer Dorf hat noch keinen Anschluss an das örtliche Abwassernetz und jeder Haushalt seine eigene Sickergrube. Ihr habt zudem Schafe und somit ist für die Aufzucht der Jungen gesorgt. Und die bekommen oft Nachwuchs. Ihr wohnt direkt an der Straße, gegenüber fließt der Bach in welche das Restabwasser der Haushalte fließt. Hier finden sie immer was. Ihr müsst euch mit dem Amt für Wasser in Verbindung setzten, dass sie in die Kanäle ebenfalls Rattengift geben. Bei regelmäßiger Anwendung sollten die Anzahl der Tiere weniger werden. Das Futter für eure Schafe müsst ihr gut verschlossen lagern. Die Ratten sollten keinen Zugang zu dem Futter haben."

All das war beiden nur zu gut in Erinnerung geblieben.

Manuel schaute auch nach den Tieren im Wasser. Er war ganz still und bewegte sich nicht und auch Rike sollte sich unauffällig halten. Die Tiere kamen dicht an das Boot. Rike hielt sich den Mund zu, um nicht zu schreien. Nun war die ganze kleine Gruppe nah am Boot. Es waren anscheinend zwei Elterntiere mit ihren drei Jungtieren. Ein Elterntier schwamm rechts, eines links und die Jungen in der Mitte etwas weiter hinten. Er beruhigte Rike. Das waren keine Ratten. Rike beobachtete diese Tiere auch und ließ sie keine Sekunde aus den Augen. Die Hand vor dem Mund hatte sie vergessen. Vielleicht konnte man einen Schwanz sehen. Leider nicht. So nah sahen sie gar nicht eklig und nicht hässlich aus. Manuel war der Meinung, dass Ratten ein Gesicht wie zu große Mäuse haben. Diese Tiere hatten kleine schwarze Nasen, kleine runde Ohren und die Augen waren fast mandelförmig. Das Schnäuzchen war unter Wasser. Das Fell war braun, mehr konnten die beiden nicht erkennen. Diese Tiere waren definitiv keine zu großen Mäuse.

Das Eis war gebrochen. Nun war ein normaler Umgang zwischen beiden wieder möglich, auch wenn der Fehltritt von Manuel noch nicht zur Sprache kam.

Manuel und Rike liefen auf ihrer Reise jeden Abend einen Hafen an. Der schönste Hafen überhaupt, war hier in Brandenburg welchen sie jetzt besuchten. So toll zu Recht gemacht mit Blumen und Pavillons, einem Rosentunnel, vielen Sitzecken, toller Gaststätte mit leckerem Essen wie ein Sternelokal und netten Menschen. Sie können diese Marina nur wärmstens empfehlen. Der Hafen ist mit Liebe gestaltet.

Am Abend konnten sie zuschauen, wie die riesige „Anneli" in eine kleine Parkbucht perfekt rein manövriert wurde. DER Skipper kann fahren. Die „Anneli" hatte natürlich auch Bug – und Heckstrahlruder, wie Ozean Passagierschiffe. Aber es ist schon imposant, wenn Frau der Beherrschung der Technik zuschaut. Die „Anneli" kennen sie schon aus Potsdam. Sie lag dort ganz vorn am Besucheranleger für große Boote. Man sieht sich immer zwei Mal im Leben. Auf dem Wasser auch öfter.

Sie erholten sich sichtlich gut hier, sprachen aber noch immer nicht viel miteinander. Sie wollten hier zu Abend essen. Rike würde gleich jetzt damit anfangen, sich den einen oder anderen Wunsch zu erfüllen.

„Hast du schon was gefunden?" wollte Manuel wissen.

„Ich hätte gern die Tagliatelle mit frischem Spinat und Lachs. Dazu einen Cocktail Tequila Sunrise und zum Nachtisch einen bunten Erdbeereisbecher mit Sahne." Manuel schaute auf die Preise, schaute Rike an, sagte nichts. Bei dem Blick hätte er auch besser nichts gesagt. Aber es lohnte sich wirklich. Das Essen war köstlich.

Am Nachbartisch hatte sich die Besatzung der „Anneli" eingefunden. Auch sie wollten hier den Abend ausklingen lassen. Dem Skipper waren die großen und bewundernden Augen von Rike beim „einparken" der „Anneli" nicht entgangen. Er hatte sich ein kühles Blondes bestellt und prostete Rike zu. Sie erwiderte den Tost und der Skipper faste sich ein Herz, ging zum Tisch vom Manuel und Rike und stellte sich vor:

„Guten Abend, ich bin Stefan. Ich habe beobachtet, dass du total fasziniert warst, als ich das Boot in die Parkbucht rangierte.“ sagte er zu Rike.

„Darf ich mich zu euch setzen?“ frug er Manuel, welcher nickte.

„Sind es nicht deine Familie oder deine Freunde? Wo hast du das gelernt?“ Rike deutete auf die Besatzung der „Anneli“.

„Nein. Ich bin schon lange bei der Schifffahrt. In diesem Sommer übernehme ich das Steuer der „Anneli“. Die Gäste haben keinen Führerschein und trauen sich nicht allein zu, so ein großes Boot in den Flüssen und Kanälen zu steuern. Für sie ist es einfach ein entspannter Urlaub und ich kann meinem Hobby frönen und Boot fahren. Sag mal, “ er schaute zu Manuel:

„Ich habe eure kleine Jolle gesehen. War das mal ein Segelboot?“

„Ja, das war sie mal. Bei den ersten Touren haben wir bemerkt, dass der Fahrtwind und die Sonne uns Probleme machen. Daher haben wir getüftelt, wie wir den Komfort für uns verbessern könnten. Es ist alles Eigenbau. Eurer große „Anneli“ hat das natürlich schon von Hause aus.“ erklärte Manuel.

„Du, ich muss sagen, euer Boot gefällt mir. Ich finde es sehr interessant, wie ihr das Verdeck gestaltet habt. Zeigst du mir nach dem Essen alles?“ frug Stefan.

„Ja, das mache ich gern.“ erklärte Manuel und erzählte, wie sie die Aufbauten und Änderungen ersonnen und errichteten.

Der Komfort wird verbessert

Manuel begann: „Also, das dachten wir uns so:

Bei der Frontscheibe stellte sich die Frage nicht nach der Größe, sondern nach dem Material und der Nutzbarkeit. Sollte sie fest moniert oder einseitig oder beidseitig zum Klappen sein. Rike hatte schließlich einen ungefährlichen Weg zum Bug gefunden. Sie krabbelte auf allen vieren über die Kajüte. Wenn nun die Windschutzscheibe im Weg war, wie sollte Rike das Bug erreichen? Trotzdem plädierte sie dafür, sie feststehend zu montieren. Wenn auch nur eine Seite zum Klappen war, bedeutete das wieder ein Mehr an Aufwand. Wie wäre es erst bei beiden Seiten? Sie würde schon zum Bug kommen, auch außen entlang. Also besuchten wir den Baumarkt und erwarben Plexiglas und Aluprofile, Dichtmasse und Edelstahlschrauben. Die Höhe der Windschutzscheibe richtete sich nach der Höhe der „Werft". Zwischen Decke und Oberkante Windschutzscheibe waren nur wenige Zentimeter, so dass die „Eichsfeld" gerade noch durch die Einfahrt passte. Das Ganze Projekt war trotzdem sehr aufwendig. Die Aluprofile mussten exakt und formschön miteinander verbunden werden. Die Plexiglasscheiben sollten aber nicht herausfallen. Ich hätte oft mindestens vier Hände gebraucht, um alles zu halten. Wenn Rike nicht arbeiten war, half sie ab und zu mit. Ich beriet mich bei der Ausführung immer wieder mit meinem Schwager Klaus, welcher eine Fülle an Werkzeug besitzt, außerdem ließ ich mich von YouTube inspirieren. So schaffte ich diese Aufgabe. Rike war für den Windschutz sehr dankbar.

Das Camper Verdeck – man könnte auch Zelt sagen - konnte definitiv nicht mehr in der „Werft" angepasst und angebaut werden. Selbst das Bimini konnten wir nicht aufstellen. Das musste alles im Freien passieren. Wir schoben die „Eichsfeld“ zu Rikes Schwester Ursula in die Einfahrt. Hier konnte ich Maß nehmen und die Anprobe durchführen.

Das Bimini diente als Gerüst. Zuerst überlegten wir gemeinsam, wie es am leichtesten und zweckmäßigsten sein würde. Rike hätten gern die Seiten zu, aber mit Fenstern drin und zum Aufmachen sollten die Seiten auch sein. Wir mussten das Anlegen, das Ein – und Aussteigen und das Be – und Entladen alles über die Seiten planen. Daher oben Klettband. Unten wurden spezielle Druckknöpfe für solch eine Verbindung von Stoff und festem Werkstoff angebracht. Den Stoff zu nähen war nicht das Problem. Rike nahm dafür Sonnensegel. Das Problem war dann das Einfügen der Fenster. Die flexible Fensterfolie war doch sehr widerspenstig. Auf dem kleinen Arbeitstisch wurde sie immer wieder ein kleines Stück genäht, dann ungeschlagen und weiter. Nur gut, dass bei der Maschine ein Teflon Füßchen dabei war, so rutschte die Folie gut durch. So ein Teflon Füßchen ist extra für solche Materialien gedacht. Eine sehr tolle Erfindung. Rechts und links wollte ich mittels festen Zwirns Klettband befestigen. Den ersten Teil nähte ich in mühevoller Stichelei mit der Hand an. Sehr langwierig und immer über Kopf. Also versuchte ich die nächsten Teile des Klettbandes anzukleben. Siehe da, es hielt. Nun kamen die Seitenteile dran. Auch diese wurden oben mit Klettband versehen, damit man sie ab – und anmachen konnte, wie es gerade gewünscht und nötig war. Natürlich bekamen die Seitenteile auch eine Tür aus flexibler Fensterfolie mit Reißverschluss und zusätzlichem Klettband. Man weiß nie, was sich am Ehesten bewehrt. Eine Rückwand bekam das Verdeck auch. Diese war zum Befestigen am Heck mit Klettbändern ausgestattet. Auch hier war ein Fenster eingenäht. Mit Fenstern brauchte Rike nicht sparen. Wir hatten eine ganze Rolle gekauft.

Das Camper Verdeck war fertig. Es war zwar nicht rund herum geschlossen, hielt aber Wind und Wetter ab. Es sollte auch nur über Nacht und als Schutz vor Regen dienen. Farblich ist alles auf einander abgestimmt. Das Bimini in blau und die Seitenteile des Verdecks in hellem beige. Zugegeben, ein wenig komisch sieht es schon aus. Es fehlte einfach die Erfahrung. Wir brauchten nicht mehr frieren. Und nass wurden wir auch nicht. Ein erneuter Sonnenbrand blieb uns ebenfalls erspart. Mehr brauchte es nicht.

Noch wussten wir nicht, wie viel Gold das witzige Verdeck wert war. Das sollte sich noch herausstellen."

Stefan lauschte aufmerksam.

„Also ich könnte das nicht. Ich kann zwar fahren wie ein junger Gott, aber das war's auch schon. Zeigst du mir euer Boot?" bat Stefan.

Die beiden Männer gingen zur „Eichsfeld" und Manuel erklärte anhand der Realität, was er vorher versuchte, zu erklären.

„Man, dass ist wirklich gelungen. Nun gut, es sieht wirklich etwas komisch aus, macht aber nichts. Wenn ihr wüsstet, was ich schon für Eigenkonstruktionen gesehen habe, da braucht ihr euch nicht verstecken." erklärte Stefan.

Rike saß unteressen in einer der vielen Sitzecken und genoss den lauen Abend.

Überholmanöver

Die Wartestelle zur Vorstadtschleuse Brandenburg ist direkt gegenüber. Also kein langes Warten nötig. Als die ersten Boote aus der Schleuse fuhren, konnten sie zum Warteplatz fahren um sich anzumelden. Das taten sie nach dem Frühstück auch. Es ging weiter Richtung Heimat.

Sie waren wieder im Mittellandkanal. An jedem Wochentag ist viel Verkehr. An diesem Tag hatten sie das Gefühl, alle anderen Wasserstraßen seien gesperrt. Ein Lastkahn hinter dem anderen. Im Gegenverkehr nicht anders. Zwischendrin die kleinen Sportboote. Alle schön im „Gänsemarsch". Die „Eichsfeld“ war nicht die Schnellste. Wie schon erzählt, lag die angenehmste Reisegeschwindigkeit bei elf Kilometer pro Stunde. Hinter Manuel und Rike fuhr ebenfalls ein Lastkahn. Er hatte wahrscheinlich Schüttgut geladen. Alle Luken waren verschlossen. Mit dem Fernglas konnte Rike am Bug den Namen lesen. Es war die „Jola“ aus den Niederlanden. Gemeinsam standen sie in einer der vielen Schleusen im Kanal. Sie war es, welche in der Schleuse einen Fender verlor. Die Berufsschifffahrt hat statt Gummifendern Kanthölzer. Eben solch ein Kantholz schwamm hinter der „Jola“, als sie die Schleuse verließ. Manuel fischte den Kantholzfender aus dem Wasser. Sie konnte das Kantholz nicht brauchen und so legte er es an Land ab. Die „Jola“ konnten sie nicht mehr einholen.

Die Berufsschiffer sind zum Teil Familienunternehmen. Solange die Kinder nicht schulpflichtig sind, verbringt die Familie ihr Leben gemeinsam auf dem Binnenschiff. Die Kinder spielen an Deck, Mutti kocht Essen, Papa steuert das Schiff. Oder auch anders herum. Mutti steuert und Papa kocht oder spielt mit den Kindern und plant so ganz nebenbei die nächste Tour. Leerfahrten sind wie an Land ebenfalls ein Verlustgeschäft.

Bei einem Binnenschiff sahen sie auf dem oberen Deck einen kleinen Spielplatz mit Rutsche in einer Umzäunung wie ein Katzennetz auf Balkonen. Die Kinder waren sicher.

Jedenfalls war an diesem Tag irgendwie alles unterwegs. Die „Jola" fuhr hinter ihnen, vor ihnen ein Lastkahn aus Polen, erkennbar an der Staatsflagge. Wie viele Schiffe im Konvoi fuhren, war ungewiss. Der Abstand zur „Jola" verkleinerte sich Zusehens. Manuel steuerte das Boot bereits mit dreizehn Kilometer pro Stunde, der Abstand wurde immer weniger. Also gut, sie beschossen die „Jola" vorbei zu lassen. Am nächst besten Anleger machten sie fest und die „Jola" konnte vorbeiziehen. Gegen Mittag sahen sie sie an einem Anleger vor einem Sicherheitstor wieder.

„Hätten auch eher Pause machen können, " knurrte Manuel.

Es war immer noch viel Verkehr. Manuel fuhr gern und auch gern schnell. Jetzt hatte er die Gelegenheit, ein Überholmanöver zu starten. Das erste überhaupt bei einem voll beladenen Binnenschiff. Vor ihnen fuhr seit geraumer Zeit in etwa gleichem Tempo die „Alpha Zentauri". Die Karte zeigte eine lange gerade Strecke ohne Einschränkungen. Nun wollte es Manuel wissen. Den Gashebel auf höchste Stufe, oder wie Skipper sagen – leg den Hebel auf den Tisch - und links Ausscheren. Das Schallsignal vergessen. Er hätte hupen müssen, zweimal lang, einmal kurz, war aber zu aufgeregt. Ihre Geschwindigkeit erhöhte sich um 3 Kilometer pro Stunde. Nach ganzen 10 Minuten hatten sie die Mitte des Schiffs erreicht. Der Matrose strich in aller Seelenruhe in blauer Farbe mit einem Pinsel die ellenlange Ladeluke. Er beachtete die „Eichsfeld" nicht. Für ihn wahrscheinlich nichts Neues. Vielleicht dachte er auch:

‚ Mal sehen, wann sie wieder hinter uns einscheren. In diesem Tempo schaffen sie das nie. '

Sie erreichten nach weiteren zehn Minuten die Bugwelle der „Alpha Zentauri“. Jetzt hatte der Motor der „Eichsfeld“ ordentlich zu tun. Er war auf die allerhöchste Stufe eingestellt und mit einem Tempo von sechzehn Kilometer pro Stunde, also zwei Kilometer pro Stunde schneller schafften sie es aus der Bugwelle nach weiteren fünf Minuten heraus. Wie viele Kilometer sie fuhren, wussten sie nicht. Sie brauchten bestimmt eine halbe Stunde, um die „Alpha Zentauri“ zu überholen. Lohnt sich also nicht mit ihrem kleinen Motor. Ein Versuch war's Wert.

Der Yachthafen Misburg liegt in einem Seitenarm. Das Wasser sieht hier aus wie Cafelatte und ist ganz ruhig. Die Ufer sind dicht bewachsen und steil. Die Bäume überhängend, daher sieht alles etwas mystisch aus. Das lag vielleicht auch daran, dass die Sonne nicht mehr im Zenit stand. Es hatte den Anschein, dass man auf dem Amazonas fährt. Im Wasser hätten Piranhas schwimmen können oder eine große Anakonda, vielleicht sogar ein Amazonas Delphin mit ihrem Jungtier. An den Ufern hätten die besonders farbenfrohen Pfeilgiftfrösche auftauchen können auf einem Ast sitzend und warten, bis eine Karawane Blattscheideameisen vorbei zieht. Die Mahlzeit wäre wohl gesichert. Hoch in den Bäumen würden sie zum Beispiel die bunten Tukane finden, wenn sie sie denn finden würden. So träumte Rike vor sich hin, bis sie nach einer Weile den kleinen Hafen erreichten.

Der Hafenmeister begrüßte sie, wies den Liegeplatz zu und zeigte die Örtlichkeiten. Das hatten sie so auch noch nicht. Rike fand das sehr angenehm, da sie so ihre Probleme bei der Orientierung hatte. Sie mussten unbedingt Benzin und Lebensmittel kaufen und konnten sich hier zwei Fahrräder ausleihen. Vor ihnen saßen sehr große Menschen auf den Rädern, also die Sättel einstellen. Außerdem sind sie beide seit vielen Jahren nicht mehr Rad gefahren, es sei denn, es hatte einen Motor und einen Auspuff. Man sagt, das verlernt man nicht. Nun ja, ein bisschen Übung wäre schon von Nöten. Ob das Licht an den Rädern funktionierte, prüften sie nicht. Sie machten sich nach einer kurzen Erläuterung des Weges sofort auf. Die leeren Kanister hatten sie auf den Gepäckträgern eingeklemmt. Auf dem Bahnübergang polterten selbige auf die Schienen. Dieser Schienenstrang war zu solch fortgeschrittener Stunde nicht mehr viel genutzt. Alles wieder einsammeln, auf die Räder klemmen und weiter. Mit den Fahrrädern war es nicht weit und sie erreichten den Supermarkt. Damit die Räder auch noch da waren, wenn der Einkauf erledigt war, blieb Manuel draußen stehen. Rike kaufte ausreichend Proviant und dann ging es weiter zur Tankstelle. Von weitem entdeckten sie schon das große Logo von McDonalds. In diesem Moment wussten sie, was sie am Abend essen werden, also machten sie Rast. Kräftig gestärkt und mit ausreichend Benzin und Proviant ging es zurück zum Hafen. Es dämmerte.

Am Nachbarsteg lag die „Tamina“. Die Besatzung kam auch gerade mit Einkäufen zurück. Die Kinder hüpften fröhlich im Hafen herum. Der Spielplatz mit Rutsche, Klettergerüst und Buddelkasten lud zum Toben ein. Die Eltern setzten sich dazu und während die Kinder spielten, bekamen sie Abendessen auf die Faust. Wie bei einem Picknick. Manuel und Rike beobachteten die kleine Familie von der „Eichsfeld“ aus. Auch die beiden blieben nicht unentdeckt. Der Junge, Finn kam zur „Eichsfeld“ und frug die beiden aus. Er wollte sich zu gern das Boot von oben bis unten anschauen. Manuel und Rike hatten nichts dagegen. Der kleine Finn ließ sich alles genau erklären. Bei jedem technischen Gerät erwähnte er voller Stolz:

„Mein Papa hat ein ‚Simrad NSS sieben EVO drei Kartenplotter' mit Weltkarte."

Rike konnte damit nichts anfangen und erkundigte sich bei dem kleinen Finn:

„Was ist das?"

„Kartenplotter sind Navis, die auf dem Display eine elektronische Seekarte anzeigen. Man sieht zum Beispiel Leuchttürme, Tonnen und Fahrwasserbegrenzungen. In den Hafenkarten werden die Hafeneinrichtungen mit Steganlage angezeigt." erklärte der kleine Mann wie aus dem Schulbuch auswendig gelernt.

Rike staunte nicht schlecht: „Du bist wohl schon selbst ein kleiner Kapitän. Wann hast du dein Patent gemacht?"

Ihm wurde es zu langweilig und Finn lief zu seiner Familie zurück. Dort musste er erzählt haben, was er an Bord der „Eichsfeld" seines Erachtens nach für primitive Geräte vorfand. Die Eltern schauten sich um und deuteten Rike und Manuel zu sich zu setzten. Die beiden konnten etwas Abwechslung und Unterhaltung brauchen. Den ganzen Tag redeten sie nur das Nötigste. Aber sie redeten miteinander. Also nahmen sie ihre Getränke und für die Kinder eine Tüte Gummitierchen und gingen zum Spielplatz.

„Guten Abend, wir sind Rike und Manuel mit der Eichsfeld aus Thüringen."

„Hallo, wir sind die Familie Scholz. Ich bin Kai, meine Frau Andrea und die beiden Zwerge sind Finn und Lina. Wir sind aus Ketzin an der Havel und wollen weiter Richtung Westen."

Das Eis war gebrochen.

„In Ketzin waren wir vor kurzem erst. Wir haben dort am Stadthafen übernachtet bevor wir weiter fuhren nach Potsdam.“ Rike unterbrach.

Andrea frug: „Habt ihr das Boot gekauft?“

Manuel erwiderte: „Nein, ja schon irgendwie. Ich habe es selbst zu Recht gemacht. Es war eine alte Segeljolle. Nachdem wir auf der Messe in Düsseldorf waren und uns die tollen Boote anschauten, wollten wir nun wirklich unser Boot. Uns fehlten aber noch Ideen und außerdem wollte ich unbedingt Kartenmaterial der Weser von der Quelle bis zur Mündung, ein Navigationsprogramm oder Gerät dafür. Im Netz gibt es so viel. Allein die Beratung fehlt für den Anfänger.“

Manuel begann zu erzählen:

Messe „Boot“ in Düsseldorf

„Das Bootsfieber hatte uns beide infiziert. Da kam uns die Messe gerade Recht. Boote schauen. Ich hatte zu Weihnachten einen Teil Kartenmaterial der Wasserstraßen Deutschlands bekommen und hatte mich auch selbst damit eingedeckt. Leider gab es von der Weser nur ganz wenig.

Also auf zur Bootsmesse. Das Gelände war riesig. Die Einweiser hatten die Aufgabe, die Parkgebühren zu kassieren. Dafür wurden wir in eine der unzähligen Parkbuchten geschickt. Der Einweiser erklärte uns, dass es zum Messegelände einen Chattelservice gäbe.

Super, wir müssen nicht laufen und brauchen den Eingang nicht suchen. Alle paar Minuten fuhr ein Bus. Die Haltestelle konnten wir uns gut merken. Wir entrichteten unsere Eintrittsgelder an der Kasse und bekamen dafür einen Lageplan.

Zuerst wollten wir unseren Koffeinhaushalt auffüllen und eine Kleinigkeit essen. Wir fanden eine Selbstbedienungsgaststätte auf der Empore. Von hier aus konnten wir einen kleinen Teil der Halle überschauen. Boote, Boote, Motoren und jede Menge Stände. Das versprach, interessiert zu werden. Auf ins Gewühle. Nach und nach kamen die Menschenmassen. Auf Grund der Größe verlief sich das gottlob. Wir liefen und liefen. Es gab so viel zu sehen. Natürlich auch Yachten für die super super Reichen. Die waren wirklich gigantisch. Die Preise auch.

Alle Boote konnten von innen begutachtet werden. Dafür gab es für die Besucher extra Schlappen. In Socken war ebenfalls okay. Uns interessierten aber die kleineren Boote. Wir suchten etwas in der Größe, wo auch unser Hund Platz hätte. Idealerweise mit einem ebenerdigen Einstieg und einer großen Liegefläche. Dann sollte das Boot mit dem Anhänger transportiert werden können. Wir selbst wollten eine Kajüte, in welcher man stehen und schlafen kann. Eine Toilette an Bord muss schon sein. Für diese Wünsche müsste das Boot eine Extraanfertigung werden. Es gab nichts, was alle Wünsche abdecken würde. Schon gar nicht in unserer Preisklasse. Wir bekamen aber einen Eindruck, wie groß welche Ausstattung von welchem Boot ist. Außerdem gab es so viel Zubehör. Taue, ganze Segel und diverse Stoffe für Segel, Sitzecken und den Außenbereich. Leinen, Geschirr und Gläser, Bettzeug und Matratzen, Bettwäsche mit Ankern drauf, Töpfe, Pfannen, Herde, Kücheneinrichtungen und und und. Eigentlich alles, was man zu Hause ohnehin schon hat. Wer will schon für den Urlaub seinen Hausstand umräumen? Also hat man besser alles doppelt. Selbstverständlich gab es auch alles an Elektronik, was ein Kapitän braucht. Tiefenmesser, Fischfinder, Radargeräte, Barometer, Funkanlagen und viele Dinge die der Laie nicht kennt. Erst wenn man weiß was es gibt, weiß man was man unbedingt braucht. Wir fanden einen Anbieter von Radargeräten. Ich suchte ein Gerät, welches die Tiefe und Geschwindigkeit anzeigt. Preise jenseits von Gut und Böse. Man merkt, es handelt sich hier um ein recht teures Hobby. Gut, unsere Hobbys waren nie preiswert. Aber es muss schon im Rahmen bleiben. Eines der Boote gefiel uns schon sehr gut. Es hatte alles, was Rike sich wünschte. Leider wünschte ich mir einen anderen Preis.

Also weiter. Wir liefen und schauten, schauten und liefen von einer Halle zur nächsten. Gefühlt waren die Hallen so groß wie der Frankfurter Flughafen und in der Menge mindestens zehn. Nach Stunden fanden wir einen Stand mit Kartenmaterial. Ich suchte immer noch eine Karte der Weser. Aber die Weser ist nirgends von der Quelle bis zur Mündung enthalten. Also entschieden wir uns für zwei Alternativen. Dafür bekamen wir gratis ein Schiffstagebuch. Der Ausflug hatte sich gelohnt. Wir hatten jede Menge Informationen, Prospekte und die Karten. Fuß lahm suchten wir in den vielen riesigen Hallen nach dem Bussteig zum Parkplatz und fanden endlich den Ausgang. Es dauerte nicht lange bis der Bus mit uns zum Parkplatz fuhr.

Endlich wieder Mal sitzen und über die Autobahnen Deutschlands wieder nach Hause. Unterwegs unterhielten wir uns über unsere Eindrücke und kamen zu der Einsicht, ein neues Boot können wir uns nicht leisten. Wir haben die „Eichsfeld“ und so bleibt es erst Mal. Für Norden brauchen wir einen Pensionsplatz. Wir wissen auch schon, wo der ist.

Auf YouTube sahen wir uns in den folgenden Wochen die Sendungen von der Bootsmesse an. Wir hatten noch lange nicht alles gesehen als wir dort waren. Aber wir hatten nichts verpasst. Wichtige Informationen für uns bekamen wir und mehr brauchte es nicht zu sein.

Kai erzählte:

„Wir waren in den letzten Jahren nicht mit dem Boot unterwegs. Der Kinder wegen. Nun aber sind sie groß genug, können schwimmen und wir können wieder raus. In diesem Jahr haben wir uns ein Boot gechartert. Wir wollten erst mal sehen, wie es mit den Kindern geht. Wir werden unser kleines Boot verkaufen müssen, es hat nicht genügend Platz. Dieses hier ist schon toll. Es hat zwei Schlafräume und viel Platz für die Kinder. An Deck ist an der Reling ein Netz, damit sie nicht über Bord gehen. Außerdem müssen wir Schwimmwesten tragen, wenn wir unterwegs sind……“

Rike hörte nicht mehr zu. Sie schaute den Kindern beim Spielen zu. Sah, wie Andrea mit der kleinen Lina sichtlich Spaß auf der Rutsche hatte. Lina schuchte bei jedem Rutschen. Andrea fing sie unten wieder auf und setzte Lina auf halber Höhe wieder auf die Rutsche. Das ganze wieder von vorn. Finn war mit dem Klettergerüst voll auf zufrieden. Hier konnte er sich beweisen.

„Papa! Ich bin schon ganz oben.“ rief er.

„Pass gut auf, dass du nicht runter fällst. Warte, ich helfe dir.“ antwortete Kai.

„Ich kann das alleiiiin.“

Großes Geschrei und dicke Tränen. Finn war vom Gerüst gefallen. Gut, dass er schon fast unten war. Kai war inzwischen bei ihm angekommen, riss ihn hoch und schaute sich sein Söhnchen an.

„Wo tut es weh? Zeig her.“

Finn deutete auf das Knie und schrie immer noch wie beim Zahnbrecher. Kai schaute sich die kleine Schürfwunde an und sagte zu ihm:

„Wir machen ein Pflaster drauf, morgen ist alles wieder gut.“ Dann drückte er ihn fest an sich. Finn beruhigte sich Zusehens.

Andrea war inzwischen bei den beiden mit Lina auf dem Arm angekommen.

„So, ich denke es reicht für heute auch. Ab in die Betten.“ Zu Manuel und Rike sagte sie:

„Seid nicht böse, die Kinder müssen ins Bett. Wir gehen jetzt rein. Wollen wir morgen früh gemeinsam frühstücken? Ihr könnt gern zu uns kommen, wir sind früh wach und Platz haben wir auch. Kai und Finn holen Schrippen.“

Manuel schaute Rike an und bat sie um ihre Zustimmung. Sie willigte ein. Noch einen Tag ohne Reden ist auch nicht schön. Dann eher die Unterhaltung der Vier genießen. Die Zwerge sind wirklich allerliebst.

‚Morgen werden wir reden‘, dachte Rike. ‚Aber wie anfangen? Soll ich ihm Vorwürfe machen? Soll ich ihn anschreien?

Nein, das bin ich nicht. Ich kann es aber auch nicht einfach ignorieren und zum Tagesablauf übergehen. Dann denkt er vielleicht, es sei ein Freibrief und nicht so schlimm. Ob er das schon mal gemacht hat? ‘

Am nächsten Morgen, es war noch nicht sieben Uhr, kam Finn auf die „Eichsfeld“ und hämmerte an die Steck Tür. In seinem kindlichen Berliner Dialekt weckte er Manuel und Rike mit den Worten:

„Aufstehen, ik soll euch zum Frühstück holen. Mr ham Schrippen jeholt. Mama sagt, dr Kaffe is gleich fertig.“

Beide schreckten hoch.

„Wir kommen gleich. Schnell noch duschen. Sag es deiner Mama.“ sagte Manuel noch völlig verschlafen.

Nach einer Weile fanden die beiden sich auf der „Tamina“ ein. Der Frühstückstisch war auf dem Oberdeck zu Recht gemacht. Lina saß schon in ihrem Babystühlchen und Finn war mit seinem Auto auf dem Tisch beschäftigt.

„Sind wir zu spät?“ wollte Manuel wissen.

„Nein, kommt rein. Wir haben nur den Kindern schon ihr Frühstück gegeben.“ antwortete Andrea.

„Finn, was hast du gefrühstückt?“ wollte Manuel wissen.

„Ne Schrippe und Hundefutter.“ antwortete der kleine Finn.

„Hundefutter?“ wollte Rike wissen.

Andrea erklärte: „Hundefutter nennt er das Müsli. Bei meinen Eltern bekommt der Hund zum Frühstück auch so etwas wie Müsli.“

„Ich verstehe. Wir haben selbst einen Hund. Er bekommt auch Trockenfutter. Was haben deine Eltern für einen Hund?“ wollte Rike wissen.

„Sie haben einen Mischling aus dem Tierheim. Er ist ungefähr dreißig Zentimeter hoch und etwa fünf Jahre. Ist ein sehr aufgeweckter Balljunkie. Er ist nicht müde zu kriegen. Aber mit den Kindern ist er wirklich lieb. Lina geht er lieber aus dem Weg. Sie scheint ihm noch zu ungestüm. Finn darf schon mit ihm spielen. Da haben sich zwei gefunden. Finn wirft den Ball und der Hund holt ihn wieder. Stundenlang. Was habt ihr für einen Hund? Sicher einen vom Züchter." antwortete Kai.

„Nein. Wir haben nur second hand Hunde. Norden, er ist ein Kaukase ist zurzeit der einzige und etwa acht Jahre." antwortete Rike.

Manuel erzählte:

„Wir hatten eigentlich immer zwei Hunde. Norden, unser Kaukase lebte das erste Jahr bei uns mit unserem Kangal zusammen. Aus Spaß sagten wir oft, wir hätten sie Putin und Erdogan nennen sollen. Kangals werden in der Türkei gezüchtet und Norden ist wirklich aus Russland. Unseren Kangal mussten wir vor drei Jahren einschläfern lassen. Er hatte am letzten Tag alle zwei Stunden Anfälle. Die Medikamente halfen nicht. Norden akzeptiert nun keinen zweiten Hund mehr. Wir hatten es versucht. Der andere Hund war noch nicht mal in unserem Haus, da ging Norden ihn schon an. Natürlich hatten wir den „Neuen" im Tierheim öfter mit Norden besucht und alles schien gut. Pustekuchen. Also drehten wir auf dem Absatz rum und brachten ihn zurück. Der Tierheimmitarbeiter war sehr erstaunt, dass wir nach einer Stunde schon wieder da waren wo doch alles gut zu laufen schien. Ich hatte das Gefühl, er glaubt uns nicht. Aber was sollten wir machen? Sollten wir zusehen, wie sie sich gegenseitig zerfleischen?"

Rike fiel die erste Bekanntschaft zwischen dem Kangal und ihrer kleinen alten Hündin ein und sagte:

„Stellt euch vor, den Kangal haben wir eingekauft wie ein Brötchen.“ fragende Gesichter schauten sie an und sie begann zu erzählen:

„Wir waren auf der Suche nach einem zweiten Hund für meine kleine alte Hündin. Sie war etwas sonderbar geworden, nachdem ihre Ziehmutter an Krebs gestorben war. Bonny holten wir als Welpen im Nachbarort. Auch sie war eine Mischlingshündin. Jedenfalls hatten die beiden viele schöne gemeinsame Jahre. Da ich keinen Hund erziehen konnte, übernahm ganz selbstverständlich die Erziehung unsere Schäferhündin. Die beiden hatten so manche Erlebnisse und wir mit den beiden…“

Jetzt war Rike wieder die Alte und hatte sich warm geredet. Die Hunde waren ihre Kinder. Sie versuchte sie zwar nicht als Menschen zu behandeln, doch außenstehende sahen das sicher oft anders. Von den Erlebnissen mit ihren Tieren, seien es die Hunde oder die Schafe konnte sie Bände erzählen. Der Zuhörer hatte es schwer, zu Wort zu kommen. Nicht jeden interessieren Erlebnisse mit Tieren zumal, wenn sie Kinder haben. Diese Menschen erzählen viel lieber von ihren Kindern und den Erlebnissen und Fortschritten in der Erziehung. Nach einer Weile wollte Andrea aber schon wissen, wie es sich mit dem Kangal und dem Brötchen verhielt.

„Was war jetzt mit dem Kangal?“ wollte sie wissen.

„Ach ja. Das war so:

Wir hatten in einem Tierheim den einjährigen Kangal entdeckt. Manuel wollte sich lediglich einmal solch einen Hund anschauen, also fuhren wir mit Bonny ins Tierheim. Die Tierheimmitarbeiterin erklärte uns, dass er aus schlechter Haltung komme und hier sehr leiden würde. Wir durften mit dem Hund und Bonny spazieren gehen. Als wir nach einer Stunde zurück waren, frug sie wie es gewesen sei. Nun ja, beide beachteten sich nicht und so nahmen wir an, sie verstehen sich. Das erzählten wir auch so. Sie wollte sich selbst davon überzeugen und so gingen wir alle gemeinsam ein Stück die Straße entlang. Sie war entzückt und setzte uns das Tier gleich ins Auto. Wir bekamen den Pflegevertrag und dann verabschiedete sie sich von uns. Als wir im Auto saßen mit nun wieder zwei Hunden schauten wir uns völlig überrumpelt an. Was nun, fragten wir uns. Wir wollten doch nur Mal schauen und nun hatten wir plötzlich zwei Hunde. Also sind wir mit beiden heimgefahren."

Die Kinder wurden nun langsam unruhig. Ihnen schien die Erzählung langweilig zu sein. Lina konnte mit ihrem Brötchen nicht mehr beschäftigt werden und Finn hatte alle seine Autos in der Garage aus Tellern und Brettchen auf dem Tisch eingeparkt. Den einen Satz musste Manuel aber noch loswerden:

„Komisch schon, wenn meine Schwiegermutter mit ihrem Hund kommt, dann spielen Norden und die Hündin wirklich schön miteinander. Es ist eine kleine Fuß Hupe, ein Weibchen. Sie scheint die Ranghöhere zu sein. Unser Riese dreht sich auf den Rücken und lässt sich von ihr in sein dickes Fell beißen. Wir hatten gehofft, dass wir unseren Kaukasen mitnehmen konnten aufs Boot. Es zeigte sich, dass sechs Meter doch zu wenig sind. Er bleibt in der Obhut meines Kollegen."

„Papa, wir wollen weiter fahren." sagte Finn.

„Ja Kai, lass uns aufbrechen. Unseren nächsten Stopp müssen wir heute noch erreichen. Hier im Kanal können wir mit den Kindern nicht übernachten. Gesagt, getan. So verabschiedeten sich alle voneinander. Beide Besatzungen machten die Boote klar und jeder fuhr wieder weiter. Wieder im „Gänsemarsch“. Auch die große „Tamina“ dufte im Kanal maximal 15 Kilometer pro Stunde fahren. Das tat sie auch. Zusehens vergrößerte sich der Abstand zwischen der „Eichsfeld“ und der „Tamina“.

Es war ein schöner Morgen und Rike sagte:

„Das war wirklich schön in Misburg. Das ist eine nette Familie. Schade nur, dass sie so schnell weiter mussten.“

„Rike, wir müssen endlich reden. Es tut mir unendlich leid. Es wird nie wieder vorkommen. Bist du mir noch böse?“ wollte Manuel wissen.

„Was heißt böse. Ich bin wahnsinnig enttäuscht, ich kann auch nicht einfach zum Tagesgeschäft übergehen. Das werde ich auch nicht vergessen. Wir haben uns so auf den Urlaub gefreut. Die Reise mit dem Boot gefällt mir. Es ist wie damals in unserem Haus als wir dabei waren, es zu sanieren. Alles etwas spartanisch und nur wir beide.“ antwortete sie.

„Du hat Recht. Ich kann mich noch gut an die erste Nacht im alten Haus erinnern.“ Manuel nahm Rike in den Arm drückte sie ganz fest an sich und sagte ihr, dass er sie lieb habe. Rike genoss diese Umarmung und beide hielten sich für eine Weile fest. Dann gab er ihr einen Kuss und musste sich wieder um die Richtungshaltung der „Eichsfeld“ kümmern. Es schien alles wieder gut zu sein.

„Was mich interessiert, war es das erste Mal? Bin ich nicht liebenswert?“ wollte Rike wissen.

„Rike, ich liebe dich. Naja, du bist eben alt geworden. Das klingt nicht liebenswert, ist aber so.“ erklärte Manuel. Jetzt holte Rike aus und es sprudelte nur so aus ihr heraus. Alles, was sie sich bis jetzt aufgespart hatte, konnte sie nach diesem Satz ungehindert raus lassen.

„Also nicht zum ersten Mal. Was glaubst du, wer du bist. Glaubst du, du bist noch attraktiv? Deine Glatze, dein fetter

Bauch, aus den Ohren wachsen Haare und aus der Nase auch. Ist das schön? All die Jahre habe ich für uns das Geld verdient. Bin in Schichten arbeiten gegangen....“ Sie redete sich so in Rage, dass Manuel nur noch von Vorwürfen so bombardiert wurde. Als sie glaubte alles gesagt zu haben, fiel ihr ein:

„Wie oft bist du schon fremdgegangen?“

„Nur zweimal. Einmal in Hamburg auf Montage und einmal mit einer Kollegin. Das ist aber schon lange her. Was willst du jetzt machen? Wir hatten doch auch schöne Zeiten.“ frug Manuel.

„Ich hatte Zeit zum Überlegen aber ich weiß noch nicht. Mal sehen, wie sich unsere Beziehung weiter entwickelt. Zumindest werde ich weniger arbeiten gehen. Nur noch Teilzeit. Außerdem nehme ich mir jeden Monat zweihundert Euro und gebe es für mich aus. Für meine Wünsche, für meine Schönheit.“ antwortete Rike.

‚Das wird ohnehin nicht wahr‘, dachte Manuel, nahm sie in die Arme und drückte ihr einen dicken Kuss auf die Lippen. ‚Aber lass ihr die Vorstellung. Nach zwei Monaten weiß sie mit dem Geld nichts mehr anzufangen. ‘ und er willigte ein.

Wieder war ein Urlaubstag vorbei. Sie hatten schon viel gesehen und noch mehr erlebt. Es machte einfach Spaß, die Seele auf der Reise baumeln zu lassen. Jeden Tag waren sie an einem anderen Ort. Jeden Tag lernten sie andere Menschen und Gegenden kennen. Genauso hatten sie sich das Wasserwandern vorgestellt.

An diesem Abend machten sie in Wolfsburg fest. Der Hafen liegt gegenüber der Wolfsburgarena. Wenn hier die Spiele stattfinden, ist sicher ordentlich was los. Hinter der Arena schließt sich der Allerpark an mit einem See, Hochseilklettern und Gastronomie.

Als sie in den Hafen einfuhren, entdeckte Hafenmeister Schmidt das Boot schon. Er gab Manuel mit Zeichen zu verstehen, dass er bis ganz nach vorn einfahren solle, um dort anzulegen. Herr Schmidt, der Hafenmeister half beim Anlegen und machte die „Eichsfeld“ fest. Manuel und Herr Schmidt gingen zum Büro und dort füllte Manuel wie in jedem Hafen das Anmeldeformular aus. Er bezahlte die Liegegebühr und erkundigte sich nach den Örtlichkeiten. Rike war inzwischen zum Sanitärtrakt gehetzt.

Da sie nur ein relativ kurzes Landstromkabel dabei hatten, reichten sie auch hier wieder nicht bis zur Landstromanschlussdose. Es war kein Problem, eine passende Verlängerung zu bekommen. Im Gegenteil. Der Hafenmeister persönlich verlegte das Kabel und schaute, dass sie gut versorgt und festgemacht waren. Er erzählte, wenn die Binnenschiffer etwas zügig im Kanal fahren, kann es schon passieren, dass aus dem Hafenbecken bis zu einem Meter Wasser abfließen. So kamen Manuel und der Hafenmeister ins Gespräch. Herr Schmidt erzählte, dass sie an diesem Abend einen Herrenabend geplant hatten und lud Manuel ein. Er stimmt sofort zu, wollte aber erst mit Rike reden. Verständlich, nach dem ganzen Ärger. Rike stimmte zu. Sie wusste, dass Männer auch Mal unter sich sein müssen.

Rike allein unterwegs

Marcel, einer der Clubmitglieder erzählte:

„Ihr wisst, dass ich in einem Gartenmarkt arbeite. Mein Kumpel sein Vater hat einen kleinen Garten hinterm Haus und sucht für ihn einen Rasenmäher. Wir hatten gerade welche im Angebot für neunundneunzig Euro, deshalb rief ich ihn an. Nach Tagen kam er dann in den Markt und erzählte, dass er in Braunschweig war, um zu schauen ob sie den Rasenmäher dort auch haben. Kostete ebenfalls neunundneunzig Euro. Er fuhr im Anschluss nach Hannover um dort in einem Gartencenter zu schauen, das Gleiche. Wie gesagt, nach Tagen kam mein Kumpel zu uns in den Markt und erzählte mir von seiner Reise. Sein Fazit daraus war – da sie überall neunundneunzig Euro kosten, könne er den Rasenmäher auch bei mir kaufen. Wahrscheinlich hätte ich mich noch für den Verkauf bedanken sollen."

Linus, einer der jüngeren Clubmitglieder und begeisterter Fußballfan vom VfL Wolfsburg erzählte:

„Wisst ihr noch bei dem Spiel im letzten Jahr, als unser Verein gegen Frankfurt spielte, mussten wir einen der Frankfurter Fans aus dem Kanal fischen. Das war ein echter Hingucker. Wie hat er es überhaupt geschafft, in den Kanal zu kommen? Rund um die Arena ist doch alles eingezäunt."

Gerd übernahm das Wort und berichtete:

„In der Zeitung stand am nächsten Tag, dass er über den Zaun geklettert sei. Ihm sei schrecklich warm gewesen und er wollte sich ein bisschen abkühlen. Nur hatte er vergessen, dass er schon ein oder zwei Bierchen zu viel hatte und fiel einfach rein."

Linus übernahm wieder das Wort:

„Ich war an dem Tag hier im Hafen und hörte aufgeregt Menschen um Hilfe rufen. Ich hab dann meine kleine ‚Luci' angeschmissen und bin in Richtung der Rufe gedüst. Dort sah ich den Unglücksfan von Frankfurt verzweifelt mit den Armen rudern. Er versuchte das Land zu erklimmen, kam aber nicht mehr raus. Ich brauchte nicht lange, um bei ihm zu sein und warf meinen Rettungsring. Dort konnte er sich halten. Ich schaffte es aber nicht, dieses Schwergewicht in meine ‚Luci' zu bekommen. Deshalb sagte ich, er solle sich gut festhalten und zog ihn in unseren Hafen. An der Slip Stelle konnte er von allein aus dem Wasser steigen. Inzwischen war auch die Wasserschutzpolizei bei uns angekommen und nahm ihn mit."

Großes Gelächter und Kopf schütteln. Es wurde ein sehr netter und langer Herrenabend.

Rike machte sich auf den Weg. Sie wollte den Allerpark erkunden. Das Wetter war schön, die Sonne schien und die Luft war lau. Rike lief durch den Park. An der Imbissbude kaufte sie sich Pommes mit Ketschup und aß sie genüsslich während sie sich umschaute.

‚Dort ist der Hochseilgarten, das werde ich ausprobieren. ' und machte sich auf den Weg Richtung Eingang. Vor ihr waren keine Besucher mehr, es waren noch zwei Stunden geöffnet. Egal, sie würde es ausprobieren. Wie Tarzan und seine Freunde durch die Bäume klettern. Am Eingang wurde ihr die Sicherheitsausrüstung mit diversen Gurten und dem Helm angelegt. Handschuhe bekam sie auch. Noch eine kurze Einweisung über die verschiedenen Parcours und dann konnte sie los klettern. Die ersten Meter waren einfach. Es waren schwindende Stufen an dicken Seilen aufgehängt. Die Stufen waren schön breit und nah beieinander. Je höher sie kam, umso schwieriger wurde es. Jetzt war die Seilbrücke dran. Gleichzeitig mit der einen Hand das nächste Seil greifen, einen Fuß in die Schlaufe, mit der anderen Hand nach dem Seil greifen und nun den rechten Fuß nachholen. Dieser erforderte Mut von Rike. Und es waren im Ganzen drei dieser Schlaufen in der Seilbrücke. Die erste Schlaufe erfolgte in Zeitlupe. Die rechte Hand krampfte sich am Seil fest. Bis alle vier Gliedmaßen in der nächsten Schlaufe standen, verging eine ganze Weile. Vor allem, es wackelte ständig hin und her.

‚Eine habe ich geschafft, nur noch zwei. ‘ und Rike holte tief Luft, griff nach dem nächsten Seil und sie begann die Bewegungen langsam zu wiederholen.

‚War schon besser, noch eine.‘ und wieder von vorn.

Völlig durchgeschwitzt hatte sie die Plattform am Baumstamm erreicht.

‚Geschafft. ‘ dachte sie stolz.

‚Jetzt kommen die schwingenden Balken. ‘ sagte sich Rike.

Die Balken waren mit dicken Seilen an einem Führungsseil in Kopfhöhe angebracht. Das hieß also, sie musste oben das Seil greifen und unten nicht neben den Balken treten. Auch diese schwangen ständig hin und her. Genauso verkrampft wie bei den Seilen arbeitete sich Rike langsam vor. Auch hier brauchte sie allen Mut um nicht aufzugeben. Hier waren zwei Balken zum Üben. Sie erklomm auch diese Plattform. Und schon hatte sie es geschafft.

Sie war bis auf vier Meter nach oben geklettert. Von unten rief der Betreiber, dass sie nun wieder hinunter kommen müsse, weil sie bald schließen wollten. Nun ja. Das dauerte so seine Zeit. Das ahnte wohl auch der Betreiber und hatte sie frühzeitig auf die Schließung des Gartens hingewiesen. Überstunden wollte er nur wegen Rike nicht machen. Sie war als Einzige noch am Klettern. Schließlich hatte sie es bis zur Seilrutsche geschafft, an welchem die Besucher sich auf dem Boden gleiten lassen können. Das fühlte sich wirklich sehr befreiend an und hätte gern etwas länger dauern dürfen. Nach dem Rike von ihren Gurten, Helm und Handschuhen befreit wurde, schaute sie sich den Parcours von unten an.

‚Mehr war das nicht? ' dachte sie. Sie kaufte sich am Kiosk eine Flasche Selters gegen den Durst nach der Anstrengung und ging Richtung See.

Neben dem Kletterpark war der Allersee. Hier ruhte sie sich nun aus. Sie hatte sich ans Ufer gesetzt und schaute den Besuchern bei der Bewältigung ihrer Standup Paddel zu. Der ein oder andere fiel mehr ins Wasser, als er vorwärts kam.

‚Für mich wäre das nichts. ' dachte Rike. ‚Das Klettern war schon toll. Das kann ich noch mal machen. Ich werde mal schauen, ob es bei uns auch so einen Parcours gibt. Übung macht den Meister. '

Der Nachmittag hatte ihr gut gefallen. Sie schöpfte Mut, allein etwas zu unternehmen. Es wurde langsam dunkel. Rike ging wieder Richtung Hafen. Als sie am Hafenmeisterbüro vorbei kam, hörte sie laute Männerstimmen. Einer versuchte den anderen zu übertrumpfen. Auch Manuel hörte sie heraus. Es schien um die Bootsfahrerei zu gehen. Sie hörte nur einzelne Worte aber ganz oft den Namen ihrer „Eichsfeld".

‚Manuel scheint in seinem Element zu sein. Dann wird es morgen früh wieder spät. Hätte ich auch noch ein bisschen am See bleiben können. Mal sehen, ob an der Hafeneinfahrt eine Bank steht, da kann ich mich noch ein bisschen hinsetzten. Der Hafenmeister erzählte, dass das Wasser aus dem Hafen abfließt, wenn die Frachtschiffe vorbei fahren. Mal sehen, ob es passiert. ' Rike ging zur Hafeneinfahrt.

Eine Bank stand dort nicht. Sie stand eine Weile an der Einfahrt, schaute rechts und links, es kam kein Schiff. So drehte sie sich wieder um und beschloss sich schlafen zu legen.

‚Die Frachter liegen sicher auch schon verzurrt und die Matrosen haben sich schlafen gelegt. ‘ dachte sie und legte sich in ihre Koje. Sie war schon fest eingeschlafen nach der Anstrengung im Kletterpark, als Manuel zur Tür hinein polterte. Rike bekam das nicht mit. Sie war so erschöpft von den letzten Tagen, dass ihr Körper nun eine Auszeit nahm, ihr Hirn sich ganz auf die Verarbeitung der Eindrücke fokussierte. Sie schlief tief und fest. Im Traum ging sie noch einmal den Kletterparcours ab. Sie träumte, wie sie mit Leichtigkeit über die so schwierige Seilbrücke balancierte. Gegenüber auf dem Plateau wartete Manuel in Gestalt von Tarzan mit einem Baby auf dem Arm. Er rief ihr zu:

„Greif das Seil Rike, greif das Seil!“

Rike zuckte mit einem Mal zusammen. Manuel erschrak. Rike aber schlief weiter. Im Traum war sie neben eine der Schlaufen getreten, konnte sich gerade noch halten. Tiefes Durchatmen hörte Manuel. Er wusste, Rike träumte.

Am nächsten Morgen war Rike wie immer zuerst wach. Sie ging in aller Seelenruhe duschen, genoss das warme Wasser und den Duft ihres Duschgels. Die Haare noch trocknen und dann ging sie zurück zum Boot.

„Du bist schon wach?“ frug sie Manuel, welcher für beide schon das Frühstück bereitet hatte.

Nachdem sie gefrühstückt hatten, machten sie die „Eichsfeld“ startklar und legten wieder ab. Ein neuer Tag mit neuen Eindrücken begann.

Unweit des Hafens befindet sich das Automobilmuseum des Volkswagenkonzerns. Im Außenbereich des Museums kann man schön flanieren, sich in der Sonne erholen, mit dem Tretboot fahren oder eine Rundfahrt mit dem Ausflugsboot machen. Sicherlich auch mal einen Stopp wert. Allerdings haben sie für ihr kleines Boot keinen Anleger gefunden. So müsste man sicher von Land aus das Museum und die schicken Außenanlagen erkunden. Es gibt noch so viel zu entdecken am Kanal.

Hier beim VW Verwaltungsgebäude, welches man schon von weitem sieht, sind in der Fahrrinnenverengungen markiert. Ihnen kamen auf der Reise dorthin zwei Frachtschiffe entgegen. Es hieß also der Berufsschifffahrt den Vorrang lassen. So schnell konnten sie am Warteplatz gar nicht fest machen, da waren die Schiffe schon da. Zu Glück hatten sie wenigstens das Boot mit einem Seil gesichert.

Auf dem weiteren Weg Richtung Heimat mussten sie wieder die Schleuse Sülfeld nutzen. Nun, das Schleusen machte keine Probleme mehr. Sie waren ein eigespieltes Team. Manuel steuerte den Anlegeplatz und die Poller an, Rike hatte das Seil um den Bootshaken gelegt und erwischte im Vorbeifahren den Poller sofort. Sie hatte die Leine locker in der Hand, Manuel fuhr langsam weiter und konnte so den Poller ebenfalls erreichen. Bis jetzt war es immer so, dass die Sportboote so in die Schleuse einfuhren, wie sie sich am Warteplatz anstellten. Auch hier handhabten sie es so. Diesmal waren sie mit bei den Ersten und machten an der rechten Seite am Poller fest. Hinter ihnen kam noch eine große Segelyacht mit dem hübschen Namen „Windspiel“. Sie passte weder rechts noch links hinter den Booten an die Mauer. Also musste sie zwischen den Booten festmachen. Just in dem Moment donnerte der Schleusenwärter von oben, sie hätten gefälligst zum Schluss einfahren sollen, da sie das kleinste Boot hatten und so zwischen den großen Booten ausreichend Platz hätten. Sie schauten sich betreten an. Aber was sollten sie machen? Da sie das nicht wussten, konnten sie es nicht mehr ändern. Von der „Windspiel“ bekamen sie Verständnis und das Seil zum Festmachen. Der Schleusenwärter hatte einfach nur einen schlechten Tag. Die Rüge blieb im Gedächtnis.

Die Pleite auf der Weser

Da sie noch einige Tage Zeit hatten, entschieden sie sich bis nach Bad Karlshafen zu fahren und sich dort von Christoph abholen zu lassen. Die letzte Schleuse - Schachtschleuse Minden. Das Einfahren, das Anlegen, das Schleusen, alles kein Problem mehr. Das einzige Malheur war, dass Manuel beim Anlegen an den Schwimmpoller das Lenkrad verriss. Rike bekam das vorn am Bug nicht mit. Mit einem Mal gab es einen Ruck und um ein Haar hätte Rike im Wasser gelegen. Ihr Schutzengel wäre sicher froh, wenn sie wieder zu Hause wären. Er wurde mächtig strapaziert.

Sie waren auf der Weser. Nun ging es nach Hause. Eigentlich sollte die Weser in diesem Jahr Niedrigwasser führen. Das schien nicht schlimm. Die „Eichsfeld" hatte nicht viel Tiefgang und die Weser schien auf den ersten Metern ausreichend Wasser zu führen. Es war auch noch nicht spät und so wollten sie sehen, wo der nächste angenehme Hafen war. Die Ausflugsschiffe auf der Weser waren ebenfalls noch unterwegs. Also machten sie sich überhaupt keine Sorgen und fuhren die Weser bergauf. Mit einem Mal gab es ein schlürfendes Geräusch. Sofort machte Manuel den Motor aus. Sie hatten Grundberührung mit der Schraube. Hoffentlich ist nichts kaputt. Die „Eichsfeld" schwamm noch, also den Motor wieder starten und gaaanz langsam zurücksetzen. Es hörte sich gut an. Aber Bad Karlshafen war passee. Sie saßen in Minden fest. Zurück bis Wendeburg würden sie es zeitlich nicht mehr schaffen. Dazu war zu viel passiert in diesem Urlaub. Nach Bad Karlshafen konnten sie nicht. Schöne Misere. Auf dem Weg bis hier her fuhren sie an einem kleinen Hafen vorbei. Der Entschluss stand fest. Zurück zu dem Hafen und fragen, ob sie dort übernachten können. Dann wollten sie überlegen, wie es weiter geht. Schließlich musste auch die

„Eichsfeld“ wieder aus dem Wasser und nicht nur die zwei wieder nach Hause. Es war ausreichend Platz und sie konnten bleiben. Sogar eine Slip Stelle war vorhanden. Sie entschieden sich, hier auf Christoph zu warten. Es half nichts, er musste die beiden hier abholen. Manuel hatte Christoph von ihrem Pech erzählt. Er würde sie am folgenden Tag gegen Abend abholen. Jetzt hatten sie viel Zeit. In ihren Augen etwas zu viel. Außerdem waren sie sehr enttäuscht, dass hier der Urlaub endete.

Auch in diesem Hafen konnten sie Fahrräder ausleihen. In der Nähe war ein Ausflugslokal namens Schiffsmühle. Am Abend machten sie sich dorthin auf. Es machte Spaß, wieder etwas anderes zu fahren. Auch am kommenden Tag nutzen sie die Fahrräder und erkundeten Minden. Sie genossen das Mittagessen, die Sonne und schauten sich die Innenstadt an. Ein sehr schönes Städtchen.

Etwas suspekt war ein Touristenpaar, welches erklärt haben wollte, wo denn die nächste Bank zum Geldholen sei. Manuel erklärte, dass sie auch ortsfremd seien. Das schien sie nicht zu interessieren. Immer wieder wollten sie den Weg erklärt bekommen. Manuel versuchte bereitwillig Auskunft zu geben, so gut er es wusste. Rike versuchte, sich und Manuel loszueisen. Nach geraumer Zeit ging ein Polizist Streife und Rike verwies die beiden an den Polizisten. Mag sein, dass sie nichts Schlimmes im Schilde führten. Leider hört man so viele Schlechtigkeiten, da ist Vorsicht schon besser.

Sie erkundeten noch ein bisschen die Gegend und bewunderten das Bauwerk des Mittellandkanals. Auf der Brücke fließt der Kanal. Unten durch die Weser. Das Bauwerk sahen sie sich schon vor Monaten genauer an. Auch das war ein gelungener Ausflug. Zu der Zeit schauten sie sich Schleusenbereich und Brücke als Fußgänger an. Nun konnten sie diese beeindruckenden Bauwerke befahren.

Zurück im Hafen packten sie ihr Häbchen und Bäbchen zusammen und warteten und warteten. Nach einer gefühlten Ewigkeit kam Christoph. Die Slip Stelle war sehr steil und schräg aber nutzbar gegen Cash. Das Slippen war schwierig, weil der Trailer einseitig schief im Wasser stand. Beim Rausfahren lag die „Eichsfeld“ die ersten Male schief auf dem Trailer. Also wieder von vorn. Sie hätten noch zwei helfende Hände brauchen können. So dauerte es eine Weile und einige Versuche, bis sie halbwegs gerade auf dem Trailer lag. Dann noch mindestens 3 Stunden Heimfahrt und der Urlaub war Geschichte.

Eine Geschichte, welche sie sich immer wieder gern in ihrem Video ansahen. Es war ein traumhafter Urlaub. Sie waren über fünfhundert Kilometer auf dem Wasser unterwegs. Kanal, Fluss und Seen befuhren sie. In etlichen Schleusenvorgängen konnten sie ihre Fähigkeiten weiter üben. Sie lernten viele nette Menschen kennen und schauten sich von so manchem Skipper etwas ab. Manchmal war es auch nur:

‚Wir machen es richtig ‘.

In den Häfen wurden sie immer freundlich willkommen geheißen. Es gab stets Hilfe wenn sie sie brauchten, mal mehr, mal weniger, so wie jeder konnte. Das Wetter war nicht immer toll. Regen, Wind und die kühle Witterung machten den Urlaub zu einer Herausforderung. Baden waren sie nicht ein einziges Mal. Den neuen Badeanzug kann Rike vielleicht im nächsten Jahr brauchen. Alles war sehr spartanisch und manches war auch peinlich. Die Wege zum Benzin holen oder nur Lebensmittel kaufen, waren eine Herausforderung. Sie wissen nun, was sie anschaffen sollten und wie das Leben auf einem sehr kleinen Boot ist. Missen möchten sie es nicht.

Geblieben sind viele, sehr viele Bilder, Videos und vor allem die Erinnerungen. Auch nach dieser langen Zeit erzählen sie gern vom Urlaub und schauten sich zusammen gekuschelt ihr Video an.

„An eine Episode kann ich mich noch recht gut erinnern" sagte Manuel und erzählte weiter, während das Video lief: „Ich weiß nicht mehr in welchen Hafen wir Rast machten, mussten aber Benzin kaufen. Leider war die nächste Tankstelle sehr weit außerhalb vom Ort. Wir wanderten also mit unseren Benzinkanistern auf der Landstraße entlang. Im Gänsemarsch wie die Olsen Bande. So manch Autofahrer/in wird wohl auch gedacht haben: ‚wieder zwei Deppen die Trocken gefahren haben`. Leider mussten wir den langen Weg mit den vollen Kanistern auch wieder zurück. Jetzt war uns egal, was die Leute dachten. Die Arme wurden immer länger. Für den nächsten Urlaub würden sie uns einen Wagen kaufen."

So wurden die Aufgaben und Anschaffungen für den Winter schon geplant.

Sie hatten sich entschieden

Nicht lange nach dem wunderschönen Sommerurlaub hatten sie sich entschieden, ein größeres Boot zu kaufen. Die „Eichsfeld“ sollte aber stehen bleiben, bis das andere Boot für ihre Zwecke hergerichtet war. Sie wollten sich dafür mehr Zeit lassen und mit den Finanzen etwas haushalten.

Wie immer, wenn sie sich für ein neues Projekt interessierten, schauten sie das Internet rauf und runter. Einige Boote waren schon interessant. Keines von denen entsprach zu hundert Prozent ihren Vorstellungen. In jedes musste noch investiert werden.

Ich erinnere die Leser an die Messeepisode. Sie mussten feststellen, dass das Boot für sie erst gebaut werden musste. Entweder war die Größe passend, dann das Material aus Stahl oder Holz oder gemischt, so dass es viel zu schwer war. Oder die Größe passte nicht, entweder viel zu breit oder viel zu schmal, viel zu lang oder das Gegenteil. Es sollte trailerbar bleiben. Die Motorisierung passte ebenfalls nicht. Die meisten großen Boote besitzen einen Innenmotor, welcher mit deutlich über 15 PS gefahren wird. Manuel möchte nur 15 PS und zwar als Außenborder. Keine Chance. Der Preis spielte selbst verständlich eine nicht ganz unwesentliche Rolle. Das Interieur war für Rike von größter Wichtigkeit. Eine Toilette sollte es jeden Fall haben. Eine kleine Kochecke wäre auch sehr schön und eine Essecke wünschte sie sich. Für beide war die Größe der Liegefläche für ihren Norden am wichtigsten. Ausgestreckt misst er vom Kopf bis zum Schwanz knapp einem Meter achtzig. Also durften nicht so viele Aufbauten auf dem Achterdeck sein.

War Manuel zu Hause, schaute er nur noch nach Booten. Nichts Passendes für sie dabei. Über Wochen ging das so.

Den Daumen an der Handyoberfläche und wischen und wischen oder das Gesicht im Rechner vergraben.

Immer wieder schaute er sich die Bilder an. Rike saß viele Stunden daneben und sie sprachen über die Angebote. Ein Angebot erschien ihnen immer wieder und hatte sich im Gedächtnis eingebrannt. Ein ausgehöhltes Boot mit Persenning und Trailer, sonst nichts. Hm.

An einem Wochenende machten sie sich auf die Strümpfe gen Norden um das nackige Boot anzuschauen. Frau Navi half wie so oft bei der Richtungshaltung. Nach einigen Stunden kamen sie ohne Probleme an. Das Boot stand in der Einfahrt des Besitzers und war unschwer zu übersehen.

„Ne nä?! Das Schätzchen sah noch schlimmer aus, als die ‚Eichsfeld'." sagte Rike.

Auch dieses Boot hatte jede Menge Moos und Dreck angesetzt. Innen fand sich eine Menge Gerümpel, Wasser gemischt mit irgendwelchen Zutaten und Holz. Das Heck konnte man nicht sehen, es war komplett zugestellt mit allerlei persönlichem Hab und Gut des Besitzers. Beide bekamen die Möglichkeit, in das Boot zu steigen. Da Rike schon ein alter Hase war, bewegte sie sich sehr sicher auf diesem Etwas. Sie empfand es für passend. Auch konnte sie ohne Probleme das Bug erreichen. Halterungen waren bereits vorhanden. Tiefes Luftholen von beiden und den Kopf von rechts nach links wiegend wollten sie es sich überlegen. Rikes Vorstellung, ihren Norden mitnehmen zu können, könnte sich hier realisieren lassen.

Sie dachte: ‚zwei Sitze, zwei Betten und die Toilette rein, das reicht. Den meisten Platz hätte Norden. '

Manuel ließ sie in dem Glauben.

Am diesem Tag hatten sie noch ein Boot in der Nähe auf dem Plan. Erst einmal genossen sie ein Mittagessen an der

See. Zum Füße vertreten noch ein kurzer Strandspaziergang und der Traum, vielleicht im übernächsten Jahr auf der Ostsee zu schippern. Erst mal das andere Boot ansehen.

Sie fuhren weiter. Den Standort des anderen Anbieters fanden sie auch recht schnell. Leider war er nicht zu Hause und meldete sich auch auf ihre Anrufe nicht. Sie verbrachten noch eine Zeit an einem nahe gelegenen See und versuchten es noch einmal, vergebens. Dann fuhren sie ohne nur einen Blick darauf geworfen zu haben wieder nach Hause.

An diesem Tag entschieden sie nichts.

Sie überlegten, was alles angeschafft werden musste, um aus dem Hohlkörper ein Boot zu machen. Es war wirklich nur das nackige Gehäuse. Vom Fußboden über Steuerstand bis hin zur kompletten Einrichtung brauchten sie alles. Den Motor nicht zu vergessen. Was das kostet! Ein „Fertiges“ ist auch nicht teuer. So viel Geld hatten sie nicht. Das Gehäuse passte auch nicht mehr in die Garage. Sie hatten keinen Platz zum Ausbau. Es vergingen einige Wochen und das Suchen nach etwas Passendem ging weiter. Wieder verbrachte Manuel sein Daumen mehr Zeit mit dem Wischen der Handyoberfläche, als zum Halten einer Gabel.

Irgendwann sagte Rike zu ihm: „Sieh zu, dass Du die „Eichsfeld“ Gewinn bringend verkaufen kannst, dann haben wir Startkapital für das nächste Boot.“

Es muss wie eine Erlösung für ihn geklungen haben. Schon nach kurzer Zeit hatte er das Angebot formuliert. Dann dauerte es nicht mehr lange und die „Eichsfeld“ fand sich auf einer der Onlineauktionen wieder.

Wer schon einmal einen Gegenstand online per Auktion verkauft hat, weiß, dass das sehr spannend wird. Wenn Manuel abends von der Arbeit kam, erzählte er mit wie vielen Interessenten er gesprochen oder wie viele Mails er beantwortet habe. Und was die Menschen für Fragen stellten. Der eine hatte die Vorstellung mit der „Eichsfeld“ im Mittelmeer zu fahren, ein anderer wollte unbedingt mindestens einen 50 PS Motor anhängen. Eines muss man Manuel lassen, ein Angebot kann er wirklich originalgetreu gestalten, so dass man sich gut in das Angebotene hinein versetzten kann. Aber die Neulinge wie sie einst waren, können sich auch unter den besten Beschreibungen nur wenig vorstellen.

Es kam kein Angebot. Nicht einer bot auf das Schmuckstück. Jede Menge Beobachter. Das war's. Dann stellte Manuel die „Eichsfeld“ noch auf eine kostenlose Plattform. Das Gleiche wieder. Manch Interessent wollte zum Ansehen kommen und versetzte sie ohne Absage. Rike hatte die Hoffnung schon aufgegeben. Eigentlich drängelte es auch nicht, sie wollten im nächsten Jahr wieder einen Bootsurlaub machen. Wenn die „Eichsfeld“ verkauft war, war das vorerst nicht möglich. Aber Manuel war sichtlich deprimiert.

Es regnete schon den ganzen Vormittag. Heute würde sicher keiner mehr kommen. Aus Fulda wollten Interessenten kommen. Rike glaubte nicht mehr dran. Das Handy klingelte und aus dem Nachbarort waren Interessenten dran. Dann ging alles sehr schnell. Sie hatten sich für den frühen Nachmittag angekündigt. Die Besichtigung in strömendem Regen machte ihnen nichts aus. Sie waren sehr angetan von der „Eichsfeld“. Kurz und gut. Sie kauften das Boot. Das Geld legten sie bar auf den Tisch. Rike suchte alle Papiere zusammen und Manuel füllte den Kaufvertrag aus. Die „Eichsfeld“ hatte nun einen neuen Eigner.

Allzeit gute Fahrt und immer eine Hand breit Wasser unterm Kiel, „Eichsfeld“.

Es tat beiden leid, dass sie verkauft war. Für Norden fanden sie es schön. Nun hatten sie das Startkapital für Norden **sein** Boot. Manuel suchte weiter. Der Daumen wischte über die Handyoberfläche, das Gesicht im Rechner vergraben. Der Hohlkörper war noch nicht vergessen.

Sie konnten sich ein Boot in der Nähe von Halle ansehen. Man war das herunter gekommen und undicht war es auch. Für so viel Geld. Handeln ließ der Eigner auch nicht mit sich. Nein Danke. Ein anderes interessantes Angebot konnten sie leider nicht ansehen, weil der Eigner erst in vier Wochen wieder zurück war. An allen anderen Angeboten hatten sie stets etwas auszusetzten. Zu klein, zu groß, zu schwer, zu teuer oder was es sonst noch gibt.

Könnt ihr es euch denken? Es wurde der Hohlkörper.

Von nun an hatte Manuel mit dem Eigner regen Kontakt. Er tat alles, damit sie nur ja zufrieden waren und er tat es um ihnen eine Freude zu machen. Er entrümpelte den Hohlkörper, räumte hier und flickte da. Es war so weit. Sie hatten einen Termin zur Abholung vereinbart. Eine Woche zuvor hatte Manuel schon einen Motor mit nur 15 PS zu Ansicht zurück stellen lassen. Diesen wollten sie auch gleich noch kaufen. Ihr Haus – und Hofausrüster liegt ebenfalls auf der Strecke und so beschlossen sie auch dorthin einen Abstecher zu machen.

So weit im Norden und keine Zeit. Schade. Es wäre mit der Fähre ein Klacks ins nahe gelegene Schweden oder Dänemark. Vielleicht später, wenn aus dem Hohlkörper ein Boot geworden war.

Sie hatten den Händler für Bootsmotoren erreicht und den Motor auch ins Auto geladen. Alles lief perfekt. Weiter zum Bootseigner. Dort angekommen stand das Boot nebst Trailer bereits abfahrbereit vor dem Grundstück. Noch den Kaufvertrag ausfüllen und unterschreiben.

Die Papiere verstaute Rike in der Handtasche. Eine Tasse Kaffee, ein kleiner Plausch und dann wieder Richtung Heimat. Der Verkäufer bat darum, sich zu melden, wenn sie zu Hause angekommen waren. Er mache sich sonst Sorgen. Das hat man nicht oft. Gern taten sie ihm den Gefallen. Er gab ihnen das Gefühl, wichtig zu sein.

Der „kleine" Benz hatte ordentlich zu ziehen. Vor dem riesigen Boot sah das Auto wirklich klein aus. Das Gespann hatte eine Windschnittigkeit wie ein Kleiderschrank.

Beim Bootsausrüster angekommen, der nächste Halt. Was sie sonst nur in seinem Katalog sehen und online bestellen, kann Frau jetzt anfassen. Das hat was. Eine neue Thermoskanne gab es gleich. Manuel kaufte für die Elektrik die Schalttafeln. Auf der langen Liste welche Rike aus der Handtasche zog, stand noch so viel. Aber das bestellen sie - just in time.

Auf der Heimfahrt gerieten sie in den angekündigten Stau. Stopp and go, warum auch immer. Also machten sie eine Rast für ihren Lieblings Burger. Sie hatten beide Hunger und sie wussten nicht, wie lange sie noch bis nach Hause brauchten.

Rikes Schwester Ursula hatte sich an diesem Tag bereit erklärt, sich um Haus und Hund zu kümmern. Der Schornsteinfeger hatte sich angemeldet und traute sich nicht aufs Grundstück, wenn Norden im Hof war. So soll es sein. Also sperrte sie ihn ins Haus und wollte ihn später wieder raus lassen. Norden ließ sich aber viel Zeit bis er gewillt war, wieder nach draußen zu gehen. Sie ging alle zwei Stunden schauen, ob er es denn nun wünschte. Und alle zwei Stunden erhielten sie einen Bericht, dass Norden nicht nach draußen wollte. Die Gute.

Nach Stunden kamen sie gut behalten mit ihrem Hohlkörper zu Hause an. Es war schon fast dunkel. Die Nachbarn erkundigten sich neugierig. Manuel gab bereitwillig Auskunft. So kommt vielleicht weniger Gerede auf und die Akzeptanz zum Bauen unter freiem Himmel steigt - hoffentlich. Zumal dieses Fleckchen Wiese nicht Manuel und Rike gehörte.

Am nächsten Tag begann die intensive Begutachtung. Auch die Papiere schauten sie genauer an, schließlich hatten sie jetzt die genauen Daten um Teile bestellen zu können. Wo war nur der Kaufvertrag geblieben? Die Handtasche machte Rike mehr als einmal leer. Im Auto schauten sie in jede Ecke und unter jeden Sitz. Nichts. Kann nur sein, dass er beim hektischen Aufbruch beim Eigner liegen blieb. Aber alles andere war doch da. Das gibt's doch nicht. Manuel rief beim Eigner an. Nein, auch dort war der Kaufvertrag nicht liegen geblieben. Was nun? Wo ist der Kaufvertrag? Zum Ummelden des Bootes ist er wichtig. Der Eigner war sehr freundlich. Er versprach, eine Kopie zu schicken. Es kann nur sein, dass er Rike aus der Handtasche gefallen war, als sie die Einkaufsliste aus der Tasche zog oder die Thermoskanne bezahlte. Wie auch immer, er war weg.

Manuel monierte im Boot den Rest noch raus. Immer deutlicher zeigte sich der desolate Zustand. Überall lief Wasser rein. Unter keinem der An – und Aufbauten waren Dichtungen, die Schrauben rosteten. Die Fenster aus schwarzem Plastik waren unsachgemäß montiert, und somit undicht. Der Trailer hatte eine kaputte und verrostete Achse.

An dem Camper Verdeck waren die Reißverschlüsse ausgerissen. Kein Wunder, so knapp wie sie eingefasst waren. Es gab also mehr Arbeit als gedacht. Auch der Außenanstrich musste komplett erneuert werden. Ein Waschen allein machte den Hohlkörper ansehnlicher aber nicht besser. Auch das Verdeck bekam eine gründliche Wäsche. Das Teil in der Badewanne schrubben war gar nicht so einfach. Eine LKW Plane aus welcher sie gefertigt war, ist etwas widerspenstig. Den Transport auf die Terrasse überließ Rike wohlweißlich Manuel. Hausputz war noch nicht angesagt. Die ganze Arbeit und der schmerzende Rücken an der Badewanne hatten sich nicht gelohnt. Das Verdeck war noch genauso grün und gammelig wie vorher. Manuel holte den Kärcher und nun sah man auch, welche Farbe es eigentlich hatte – cremeweiß. Da es ein schöner warmer Tag war, trocknete das Verdeck zügig. In den nächsten Wochen entkernte Manuel den Hohlkörper weiter, um auch jede kleine undichte Stelle zu finden. Es gab davon sehr, sehr viele. Jeden Tag kamen neue hinzu. Als nächste Arbeit stand die Reparatur der Reißverschlüsse an.

Also machte sich Rike an einem der folgenden Tage daran, die Reißverschlüsse neu einzufassen. Bis der Regen einsetzte, sollte es innen trocken bleiben. Gar nicht so leicht. Die flexiblen Scheiben waren nur zwei Millimeter mit samt Reißverschluss eingefasst. Genau die flexiblen Scheiben waren ausgerissen. Um sie sauber wieder einnähen zu können, schnitt sie die zwei Millimeter ab und konnte nun mit einem neuen Schrägband alles wieder zusammen nähen. Die paar Millimeter schaden sicher nicht. Das Nähen ging ganz langsam von Stecknadel zu Stecknadel. Das widerspenstige Teil maß etwa einen Quadratmeter, welcher auf dem kleinen Arbeitstisch der Nähmaschine Platz finden musste. Immer wieder falten, ein Stückchen weiter, Nadeln raus und weiter. Schön langsam. Mist Faden gerissen. Neu einfädeln mit der Einfädelhilfe aus dünnem Alu Blech. Stolz präsentierte Rike am Abend Manuel die saubere Arbeit. Gleich stülpte Manuel dem Hohlkörper seine Haube über.

‚Man ist die Haube stramm. Der Reißverschluss geht kaum zu. ‘ dachte Rike.

Der andere ging gar nicht mehr zu.

„Ich hatte eben die zwei Millimeter abgeschnitten, sonst hätte ich es nicht sauber nähen können.“

Der Ärger folgte auf dem Fuße:

„Wie kannst du was abschneiden? Muss ich denn alles allein machen?“ ärgerte sich Manuel.

„Ich trennte alles wieder auf und setzte die fehlenden zwei Millimeter wieder an. Wer kann schon ahnen, dass zwei Millimeter so viel ausmachen?“ erklärte Rike.

Stunden später war das Ding fertig und nun passte es auch. Nur fehlten jetzt zwei Zentimeter Reißverschluss unten. Gar nicht so einfach zu verstehen.

„Hab ich eben abgeschnitten, weil es untern über stand.“

Manuel sein Gesicht könnt ihr euch vorstellen: ‚Wie kann man nur?! ‘

Wieder kamen schon wie bei dem Aufbau der „Eichsfeld“ Päckchen und Pakete fast täglich. Die Post hätte vor die Haustür ein Postfach stellen lassen sollen. So hätte Rike nicht ständig auf die Lieferanten warten müssen, wenn eine Ankündigung kam. Sie liefern zwischen …und… Frau traut sich nicht mal zur Toilette. Sie könnte durch die Spülung das Klingeln überhören.

Es ging nun an den Auf - und Ausbau. Kistenweise kam Epoxidharz und Gewebe, Pinsel und Mischbecher. Handschuhe nicht zu vergessen. Pinsel und Mischbecher können genauso nur einmal verwendet werden, wie die Handschuhe. Die gelbe Tonne füllte sich schnell. Auch die Papiertonne war zu klein, obwohl sie zweihundertvierzig Liter fasst.

Holzplatten stapelten sich in der Garage und das Plexiglas war auch schon da. Hatte Manuel eine Idee zur Änderung des Aussehens, erörterten sie es gemeinsam.

Sie tüftelten gemeinsam, wo was im Boot hin sollte, damit für Norden möglichst viel Platz blieb. Auf dem Grundriss zeichneten sie mit Bleistift ihre Vorstellungen und radierten sie wieder aus. Anders ist es besser. Bett längs, Bett quer, Treppe ins Boot links oder rechts. Alles wollte wohl überlegt sein. Die Poller in den Schleusen wollen auch erreicht werden. Und der Kaffee soll auch gekocht werden. Die Toilette nicht zu vergessen und vielleicht ein Waschbecken. Ein Schränkchen wünschte sich Rike für die Küchenutensilien nebst Topflappen. Ein bisschen Stauraum für die Wäsche wäre nett. Rike sollte auch wieder eine Fliegengittertür bekommen.

Aus dem Hohlkörper machte Manuel ein hübsches Boot, ganz nach ihren Vorstellungen und Bedürfnissen, genau wie sie es auf der Messe im letzten Jahr feststellten.

Dieses Mal war die Zulassung kein Problem, sie waren „alte Hasen".

Bootstaufe

Wie auch bei der ersten „Eichsfeld“ war die Suche nach einem passenden Namen ein Problem. Sie fanden keinen besseren Namen als „Eichsfeld“ und so bekam der Hohlkörper selbigen Namen. Die Taufe der ersten „Eichsfeld“ war gründlich in die Hose gegangen. Das sollte nicht noch einmal passieren. Am einem schönen sonnigen Samstag sollte die „Eichsfeld Zwei“ das erste Mal zu Wasser gelassen um auf Herz und Nieren geprüft zu werden. Der Urlaub rückte in greifbare Nähe. Bis dahin sollten alle Kinderkrankheiten beseitigt sein. Also wieder auf zum Mittellandkanal. Das Boot zu Wasser lassen war für Manuel und Rike keine Schwierigkeit. Lediglich die größeren Ausmaße waren gewöhnungsbedürftig. Zumal am Trailer nun Leitstützen angebracht waren, um die „Eichsfeld Zwei“ sofort gerade aufladen zu können. Erneut waren sie sehr aufgeregt. Dieses Mal sprachen sie sich ab. Dieses Mal vergaß Rike die Gläser und den Schampus nicht. Noch bevor die „Eichsfeld Zwei“ zu Wasser durfte, wollten sie sie von allen Seiten ordentlich begießen. Es war Rike egal, ob sie wie eine Bahnhofskneipe stinkt. Rike hatte für dieses Mal auch eine kleine Rede geschrieben. Wenn niemand zusehen würde, würde Rike sie halten. Es war schon peinlich, das Boot zu begießen.

Sie waren an diesem Vormittag nicht allein. Einige Skipper nutzten ebenfalls das gute Wetter, um eine Ausfahrt mit der Familie zu unternehmen. Dieses Boot wieder ohne Taufwasser fahren zu lassen kam für Rike nicht in Frage. Sie wollten nicht noch einmal in Seenot geraten. Etwas aber gläubig wurden sie nach den Pannen schon. Bis sie an der Reihe waren dauerte es, Zeit um zu überlegen.

Sie überredete Manuel: „Wir müssen das Boot auf jeden Fall taufen. Ich werde die anderen fragen, ob sie dabei sein möchten."

Vor ihnen und hinter ihnen standen die Autos mit den Trailern. Gott war sie aufgeregt. Rike hatte eine Idee, sie nahm die Flasche mit dem Schampus und ging zu den Skippern.

„Wir möchten unser Boot heute taufen. Es ist Manuels Eigenbau. Wir würden uns sehr freuen wenn ihr mit den Familien, bei unserer Bootstaufe dabei wäret, um ihm Glück zu wünschen."

Rike hätte nicht gedacht, dass die Menschen von dem Angebot so begeistert waren. Jeder brachte eine Tasse, ein Glas oder ähnliches mit. Sie schenkte den Erwachsenen einen Schluck Sekt ein und den Kindern Orangenbrause und dann versammelten sie sich am Bug der „Eichsfeld Zwei". Manuel hielt den Rest des Schampus bereit. Rike nahm den Zettel schaute in die Runde und sagte ganz feierlich:

„Ich taufe dich auf den Namen ‚Eichsfeld Zwei' und wünsche dir allezeit gute Fahrt, immer eine Handbreit Wasser unter dem Kiel und vor allem nie einen Motorausfall. Damit du weißt, woher du bist, jetzt zwei Strophen unsere Hymne:

Dort, wo die junge Leine fließt,
Die Unstrut wallt zu Tale,
Der Hülfensberg die Werra grüßt,
Der Ohmberg seine Hahle,
Die Wipper flutet durch die Au,
Landauf, landab, welch feine Schau
Auf Tal und Hügelketten
Und schmucke Siedelstätten!"

Eichsfelder mit Frohwanderblut
Und liederreicher Kehle
Heim, heim steht all dein Herz und Mut,
Dein Sinn und Deine Seele,
Heim, wo das Kreuz vom Hügel ragt,
Und dir von Gottes Liebe sagt!
Schlägt deine letzte Stunde,
Es sei in Eichsfelds Grunde?

Danke, dass ihr alle dabei wart und nun prost auf die ‚Eichsfeld Zwei.“

Beim Lesen der ersten Zeile begoss Manuel das Boot mit dem Rest des guten Sektes. Der eine oder andere hatte aus dem eigenen Proviantkorb ebenfalls einen guten Tropfen mitgebracht. Sei es Brause für die Kinder, Kaffee oder ein kühles Blondes.

Manuel erzählte von der nicht vollzogenen Taufe der ersten „Eichsfeld“ mit samt den Nebenwirkungen.

„Wir wollten die kleine ‚Eichsfeld‘ testen und schauen, wie alles funktioniert. Es war für uns der erste Versuch mit einem Boot überhaupt und dann gleich mit der umgebauten Segeljolle. Wir sind beide reine Landeier. Ich bin im tiefsten Sachsen geboren und mit meiner Familie als Teenager ins Eichsfeld gezogen. Rikes Familie stammt gebürtig von dort. Also nicht mal annähernd Skipper. Doch konnten wir uns das Wasserwandern gut als Hobby für uns vorstellen. Ich sanierte also die kleine „Eichsfeld“ und wir bekamen sie auch ganz fachmännisch ins Wasser. Rike war für den Picknickkorb zuständig. Sie hatte alles eingepackt, außer Gläser und Sekt. Abgesehen davon hatten wir die Taufe in der Aufregung schlicht weg vergessen. Wir fuhren mit einem ungetauften Boot auf dem Wasser.“

„Seid ihr noch zu retten? Wisst ihr nicht, dass es Unglück bringt?“ bekam Manuel von dem Skipper gegenüber erklärt.

„Wussten wir und haben es sofort zu spüren bekommen. Gleich bei der ersten Ausfahrt hatten wir eine Motorpanne. War aber nicht schlimm. Es setzte sich aber in schöner Regelmäßigkeit fort. Ich denke aber, es lag nicht an der vergessenen Taufe, sondern an meinem mangelnden Wissen über den Bau und die Reparatur von Bootsmotoren nebst Einstellung.“ Manuel grinste.

„Ich wollte Rike den Gefallen tun, die ‚Eichsfeld zwei‘ zu taufen. Schließlich hat sie auch geholfen und wenn auch nur, indem ich mich um nichts anderes zu kümmern brauchte. Sie brachte mir Kaffee und Kuchen über die Straße ins Boot, an heißen Sommertagen auch ein Eis. So hatte ich alle Zeit der Welt, um dieses Boot zu bauen. Schaut euch die Fotos an, wie es aussah, als wir es kauften und seht es euch jetzt an.“ stolz präsentierte Manuel die Fotos auf seinem Handy. Er bekam Lob und Staunen von den umstehenden Skippern. Männer standen bei Männern und unterhielten sich. Gleiches war bei den Frauen. Hier gesellten sich die Kinder dazu.

Rike erklärte den Text, welchen sie während der Taufe vorlas und brachte damit den Captains Ladys ihre Heimat ein wenig näher:

„Mitten im Herzen des Eichsfelds zieht das grüne Band Deutschlands hindurch. Einst getrennt durch den eisernen Vorhang, wächst auch hier Deutschland wieder zusammen. An die Teilung Deutschlands erinnern heute nur noch die aufgestellten Schilder an den Straßen und die Grenzmuseen in Worbis und Asbach – Sickenberg. Hier kann man sich ein Bild von der ehemaligen Grenzanlage machen oder ganz entspannt den ehemaligen Kolonnenweg entlang spazieren gehen. Die Städte und Dörfer sind nur wenige Kilometer voneinander entfernt. Man kann sie bei Wanderungen bequem zu Fuß erreichen."

Gemeinsam ließen sie die frisch getaufte „Eichsfeld Zwei" zu Wasser. Die Herren übernahmen es ganz fachmännisch. Manuel wurde mit dem Auto und dem Trailer eingewiesen, gemeinsam zogen sie das Boot zu Wasser und machten es am Anleger fest. Rike holte den Proviant und stieg ein. Manuel schaltete den Hauptschalter für die Elektrik ein und drehte den Startknopf. Nichts. Das Ganze von vorn. Wieder nichts. Ratlos standen die anderen Skipper am Steg. Immer wieder kam die eine oder andere Idee und Manuel setzte sie um. Es tat sich nichts. Manuel schraubte hier und wackelte dort. ‚Was soll das nun schon wieder sein? ‘

„Ich habe den Motor gestern noch laufen gehabt. Ohne Probleme. Nein, nicht ohne Wasser." und schaute Rike dabei an.

„Das ist ein generalüberholter Motor vom Fachhändler. Der kann nicht kaputt sein." erklärte er weiter. Es half alles nichts. Der Motor sprang nicht an. Ratlos und enttäuscht luden sie mit Hilfe der umstehenden Skipper die „Eichsfeld zwei" wieder auf.

Auf der Heimfahrt sagte Manuel zu Rike:

„Siehst du, es hat überhaupt nichts mit der Taufe zu tun. Es ist alles nur Aberglaube."

„Das weiß ich. Aber es gibt ein gutes Gefühl. Oder auch nicht." erwiderte sie.

„Gleich morgen werde ich schauen, warum der Motor nicht ansprang. Das kann nicht viel sein, gestern ging er noch." erklärte Manuel.

„Diesen Satz hören die Monteure vermutlich täglich und dann ist das Teil reif für den Schrott." sagte Rike.

Am nächsten Morgen machte sich Manuel sofort an die Arbeit. Nach Stunden kam er ins Haus und erklärte:

„Ich hab‘s. Die Benzinleitung schluckt immer wieder Luft, dadurch bekommt der Motor kein Benzin. Das kriege ich hin.“ und war gleich wieder verschwunden.

Der Urlaub in diesem Jahr war schon geplant und genehmigt. Das Boot noch nicht ein einziges Mal auf dem Wasser gefahren. Norden hatte ebenfalls noch nie das Boot betreten. Es musste ohne Probefahrt gehen.

„Was machen wir mit Norden? Mitnehmen oder in die Pension. Kann Christoph wieder aufpassen?“ erkundigte sich Rike bei Manuel.

„Nein, Christoph ist selbst im Urlaub. In der Pension habe ich schon angerufen. Die nehmen in diesem Jahr keine Pensionstiere. Eine Mitarbeiterin ist schwer erkrankt und fällt für lange aus. Wir werden ihn mitnehmen. Sollte er wirklich nicht aufs Boot gehen, dann müssen wir wieder heimfahren. Dann wird es Urlaub im Garten mit dem Blick aufs Boot.“ sagte er zu Rike.

Wollt ihr wissen, ob Norden nun wirklich mit ihnen Urlaub auf dem Boot machte? Die beiden auch.

Urlaub mit der „Eichsfeld Zwei“

Es war soweit. Manuel und Rike packten alles zusammen, arbeiteten die Liste ab, um nichts zu vergessen. Schließlich mussten auch für Norden die Leinen, die Näpfe und Futter eingepackt werden. Er muss auch seine Medikamente bekommen, also auch die einpacken. Zusätzlich hatte sie in der vergangenen Woche noch eine Hunderampe für ganz große Hunde gekauft und waren froh, dass sie noch pünktlich geliefert wurde. Auch sie wurde nun mit verstaut. Man kann ja nie wissen, wie die Gegebenheiten in den Häfen oder den Anlegern sind. Alles wurde vorerst im Auto auf der Rückbank verstaut. Umladen wollten sie es erst, wenn sie sicher waren, dass der Hund auch ins Boot steigt und drin bleibt.

Manuel hängte die „Eichsfeld Zwei“ an und ließ Norden in den Kofferraum einsteigen. Er braucht allein für sich den ganzen Platz. Daher hatten beide die gesamte Rücksitzbank mit allen Vorräten beladen. Nun ging es los nach Wolfsburg. Ihr erinnert euch? Hier verbrachte Manuel einen herrlichen Herrenabend mit einigen Clubmitgliedern und Schiffseignern. Sie hatten zarte Bande geknüpft und wollten sich gern wieder sehen.

Manuel hatte mit Hafenmeister Schmidt ausgemacht, dass sie Auto und Trailer in Wolfsburg abstellen können. Die Fahrt war sehr entspannt. Beide wussten, dass Norden entscheiden würde, wo sie die nächsten zwei Wochen ihren Urlaub verbringen würden. Frau Navi half auch an diesem Tag, den Hafen und seinen Meister zu finden. Sie hatte es wohl inzwischen gelernt, dass Manuel und Rike zum Wasser wollten. Frau Navi geleitete sie ohne Umwege dorthin. Der Hafen hatte eine große Einfahrt und viel Platz zum Wenden. Manuel aber stellte Auto samt Boot vorerst auf dem Platz ab und schwatzte mit Herrn Schmidt. Rike ließ Norden aus dem

Auto, natürlich nur mit Leine. Herdenschutzhunde sind ein bisschen wie Katzen. Sie sind sehr verschmust und lieb, entscheiden aber selbst, ob Frauchens Kommando jetzt sinnvoll ist oder nicht. Außerdem hinterfragen sie die Kommandos gern und bedürfen daher auch zwei oder drei Anläufe. Sprich, sie sind keine Schäferhunde, welche aufs Wort parieren. Rike liebte diese Eigenständigkeit der Hund so sehr. Sie ging also mit Norden zum Wasser.

„Lass ihn aber jetzt nicht baden!“ ertönte Manuels Stimme aus dem Hinterhalt, welcher Rikes Absicht erkannte.

„Ja, ist ja gut. Er soll nur mal trinken dürfen.“ entschuldigte sie sich.

Norden erkundete gemeinsam mit Rike das Gelände. Beide gingen ein wenig spanzieren Richtung Allerpark. Dort war sie im letzten Jahr klettern. Norden genoss den Spaziergang. Weit kamen sie allerdings nicht. Er musste an jedem Grashalm lesen, welcher Hund welche Nachricht hinterlassen hatte. Dann schrieb er seine dazu. Zwei Schritte weiter und wieder lesen und schreiben. Eilig darf man es mit diesem Hund nicht haben. Er lässt sich auch nicht drängen. Egal ob es regnet oder es dreißig Grad im Schatten sind. Nach etwa einer halben Stunde und zweihundert Metern waren sie wieder auf dem Hafengelände.

Manuel hatte inzwischen mit Herrn Schmidt das Boot zu Wasser gelassen und den Motor ausprobiert. Er lief ruhig und rund. Auch bekam er jetzt ausreichend Benzin, so dass er nicht mehr ausging. Nun sollte Norden an Bord.

„Soll ich die Rampe holen?“ wollte Rike wissen.

„Ich glaube nicht, dass wir sie hier brauchen. Es ist alles schön ebenerdig.“ sagte Manuel.

Rike versuchte Norden aufs Boot zu locken. Extra Leckerli hatte sie eingekauft und verteilte es nun häppchenweise im Boot. Nichts. Norden drehte den Kopf weg.

‚Lass mich. Du bist zu aufgeregt. ‘ schien er zu denken.

Rike schaute hilflos zu Manuel. Sie sah den Bootsurlaub schon dahin schwinden. Manuel nahm die Leine samt Hund, ging ins Boot und siehe da, Norden hinterher. Rike machte große Augen.

„Er ist im Boot, jipi! Wir können fahren.“ freute sie sich.

Er blieb im Boot. Rike stieg dazu. Norden schaute sich um und stieg wieder aus. Rike hinterher. Sie versuchte erneut, ihn ins Boot zu bringen. Nichts. Wie beim ersten Versuch auch. Wieder übernahm Manuel das Kommando und mit einem Stups auf den Po stieg er wieder ein.

Jetzt hieß es Vor – und Achterleinen los. Rike hatte auf dem Vordeck wirklich viel Platz. Nicht wie auf der kleinen „Eichsfeld“. Aber es war alles neu. Mit dem Mehr an Platz musste sie sich erst einmal vertraut machen. Der Bootshaken blieb nicht einfach auf dem Vordeck liegen. Es war abschüssig und so musste sie aufpassen, dass er nicht gleich über Bord ging. Also hängte sie ihn vorerst in die Reling um dann einen besseren Platz zu finden. Das Seil wickelte sie auf und hängte es in den Haken.

Manuel musste auch mit den größeren Ausmaßen zurechtkommen. Der Liegeplatz am Steg war sehr schmal. Er brauchte viele Anläufe, um aus der Lücke heraus zu kommen. Zudem musste er noch mit der Technik zu Recht zu kommen. Auch hier war alles neu und ungewohnt. Außerdem hatte er Norden noch bei sich, welcher ebenfalls seinen Platz suchte. Er tappte im Boot hin und her, hatte Schwierigkeiten beim Wenden, wusste nicht, wo und wie er sich ablegen durfte. Sicher wäre er viel lieber wieder ausgestiegen. Manuel hatte also alle Hände voll zu tun. Er war aufgeregt, wie Rike und Norden auch. Langsam steuerte er die „Eichsfeld Zwei“ aus dem Hafen. Auf dem Mittellandkanal angekommen, kletterte Rike zurück ins Boot.

„Das geht super. Ich weiß nur nicht, wohin mit dem Bootshaken. Der bleibt nicht liegen. Und funktioniert alles? Und Norden? Wird er ruhiger?“

Manuel nickte lediglich und schaute sich alles genau an, ob alles seine gedachte Funktion erfüllte. Rike wies Norden den Platz in der Kajüte vor den Betten zu. Nachdem er gefühlte zwanzig Mal im Boot hin und her stapfte, schien er erschöpft oder entmutigt, nicht aussteigen zu können und ergab sich der Situation, legte sich an den ihm zugewiesenen Platz. Jetzt konnten Manuel und Rike die ersten Meter auf der neuen „Eichsfeld“ genießen.

„Rike, mach uns einen Kaffee.“ sagte Manuel. Sobald sich Rike auch nur etwas von ihrem Sitz erhob, stand Norden sofort vor ihr. Er schien zu hoffen, aussteigen zu können. Vielleicht wollte er auch nur baden. Als Rike die Tür einen Spalt öffnete, machte Norden einen Satz auf die Treppe und wäre beim nächsten Satz im Kanal gewesen. Rike konnte gerade noch das Halsband erwischen und ihn zurück halten.

„Stell den Benzinkanister auf die Stufe.“ erklärte ihr Manuel, welcher Rikes erschrecktes Rufen mitbekam.

Sie schickte den Hund zurück. Norden blieb liegen. Nach dem Manuel alle Funktionen der neuen „Eichsfeld“ gründlich überprüft hatte, der Kaffee ausgetrunken war, entschieden sie sich, die erste Nacht in Wolfsburg zu verbringen. Noch hatten sie ihr gesamtes Gepäck im Auto. Sie wollten erst prüfen, ob Norden auch über Nacht ruhig bleibt und sie es wagen könnten, auf große Fahrt zu gehen. Manuel wendete das Boot und sie fuhren zurück zum Yachthafen. Für diese Nacht bekamen sie einen angenehmen Anleger zugewiesen. Das „Ein – und Ausparken“ war hier kein Problem. Mit den clubeigenen kleinen Wagen konnten sie alles Gepäck zum Boot transportieren. Das Verstauen war wieder neu.

„So ein großes Boot und irgendwie kein Platz für das Gepäck. Ich weiß gar nicht, wo ich alles unterbringen soll.“ sagte Rike.

Die eine Box in die kleine Ecke, die Toilette in die große Ecke, nein geht nicht, der Hund muss auch noch durch. Seine Näpfe müssen auch noch irgendwo hin. Wohin? Sie kratze sich am Kopf und schaute sich das Chaos an. Sie fing wieder von vorn an. Norden indes hatte einen Platz an Land an einer Bank bekommen und tat das, was er immer tut. Alles im Blick haben. Mit der Leine gesichert, konnte er sich nicht selbständig machen. Nachdem Manuel das gesamte Gepäck auf dem Steg am Boot abgeladen hatte, brachte er Auto und Trailer auf den gesicherten Platz und half im Anschuss Rike, alles zu verstauen.

Die Nacht war sehr unruhig. Norden fand keine Ruhe und lief immer wieder im Boot hin und her. Er versucht immer mal wieder nach draußen zu gelangen. Zwar stand immer noch der Benzinkanister auf der Treppe, trotzdem sicherte ihn Manuel am Steuerrad zusätzlich mit der langen Schleppleine. Manuel und Rike schliefen schlecht. Wieder ein neues Bett, dazu der unruhige Hund. Auch diese Nacht ging irgendwann vorbei. Am Morgen war Rike wie immer zuerst wach. Sie nahm ihren Hund und machte sich auf den Weg zum ersten Spaziergang. Auch dieser dauerte seine Zeit. Norden indes genoss den Spaziergang. Zeitunglesen, Schreiben und wieder von vorn. Nach etwa einer halben Stunde waren sie wieder im Hafen. Manuel schlief noch. Auf der „Eichsfeld zwei“ konnte Rike die Kajüte verlassen, ohne über Manuel zu klettern. Sie setzte sich mit ihrem Kaffee und ihrem Hund auf die Bank am Steg und genoss die Morgensonne. Norden schien diese Zeit ebenfalls zu genießen. Nach einer weiteren halben Stunde kroch auch Manuel aus der Kajüte. Er kochte sich seinen Kaffee und beide saßen auf der Bank, schauten den Hund an und dann sich.

„So schlimm war die Nacht doch nicht. Norden wird sich schon eingewöhnen. Wir dürfen eben nicht acht Stunden am Stück fahren. Wir müssen ihm Zeit zum Laufen geben. Dann hat er sicher Spaß. Er muss baden dürfen. Schwimmen kann er doch.“ erklärte Rike.

„Du hast das ja nicht mitgekriegt. Hast tief und fest geschlafen, wie immer. Immer wieder musste ich aufstehen und ihn aus der Leine befreien und ihn wieder zur Ruhe bringen. Außerdem war ich noch zweimal mit ihm Gassi. Ausladen werde ich gewiss erst nach dem Urlaub. Ich gehe jetzt zu Herrn Schmidt und melde uns ab. Du kannst schon mal aufräumen und die Betten machen.“ antwortete Manuel etwas vorwurfsvoll. Er war sehr unausgeschlafen. Nach einer kleinen Weile waren Manuel, Rike und Norden wieder mit dem Stubbs auf dem Po an Bord. Es ging los.

In diesem Urlaub wollten sie bis zur Elbe und vielleicht nach Lübeck fahren. Das Schiffhebewerk in Scharnebeck ausprobieren und in Uelzen Rast machen. So war der Plan. Sie fuhren also gen Westen. Bis zum Abzweig in den Elbe – Seitenkanal war es nicht weit und so waren sie schon gegen Mittag am Sicherheitstor Osloß. Das Wetter war schön, Hunger hatten sie auch. Rike hatte im Vorfeld viel vorgekocht und eingefroren. In ihrem Kühlschrank blieb es auch gefroren. An diesem Tag wollte sie das erste Mal auf dem Schiff richtig kochen. Kartoffeln und Schichtkohl. Sie legten also am Anleger an und Manuel ging mit Norden an eine Stelle, welche als Notausstieg für Mensch und Tier gedacht war. Bei den Tieren kommt es schon vor, dass sie mal unfreiwillig baden gehen. Leider viel zu oft bei den Jungtieren. Menschen nutzen den Ausstieg eher als Einstieg zum Baden. Manuel ließ Norden also an der langen Schleppleine ins Wasser. Sofort legte er sich ins Wasser, ging noch einige Schritte weiter, bis er nicht mehr stehen konnte. Er genoss das Bad, das kühle klare Wasser und schwamm einige Runden. Rike schälte indes die Kartoffeln, erhitzte den Schichtkohl und beobachtete ihre beiden. Genauso hatte sie es sich gewünscht. Zeit haben, genießen. Luft, Wasser und die Ruhe fühlen, riechen und hören.

Das Essen war fertig. Einen Tisch gab es nicht. Rike servierte das Essen auf den Tellern. Sie mussten die Teller auf dem Schoss abstellen. Das war unpraktisch. Bei der nächsten Mahlzeit würde sie das Essen in den Schüsseln servieren. Das ist handlicher. Norden blieb derweil an Land um zu trocknen. Nach dem Baden kommt zwar der Schleudergang, aber er ist dann erst schleudertrocken. Einen Trockner für Hunde müsste man erfinden. Dort ginge Norden wohl nur einmal hinein. Für den Hund hatte Rike wie immer bereits am Morgen das Futter bereitet. Er hatte sich entschieden, einen Fastentag einzulegen. Auch wie immer, wenn die Situationen neu sind.

Nach dem Mittag und zwei Stunden Pause fuhren sie weiter.

An diesem Tag wollten sie eigentlich in Uelzen übernachten. Bis zu Schleuse kamen sie nicht mehr. Es war einfach zu weit. Im Hafen Wittingen war noch Platz und so entschlossen sie sich, hier zu übernachten. Norden war es nur recht. Endlich wieder raus aus dem Boot und an Land auf einer Wiese liegen und alles beobachten. Gegenüber den Stegen im Hafen hatten sich Caravan Camper ihren Platz gemütlich eingerichtet. Es war ein älteres Paar aus dem Schwarzwald. Manuel kam mit ihnen schnell in Kontakt. Sie hatten ihren riesigen Hund sofort entdeckt. Das lädt auf jeden Fall zur Kontaktaufnahmen ein.

„Hallo, wir sind die Hubers und kommen aus dem Schwarzwald. Was ist das für eine Rasse? Macht ihm sicher Spaß das Bootfahren.“ Wollte die Frau Huber wissen.

„Guten Tag, wir sind Manuel und Rike aus dem Eichsfeld mit unserem gleichnamigen Boot. Das ist unser Norden.“ Manuel deutete auf den Hund. Er erklärte die Rasse und seine Eigenarten. So kamen sie ins Gespräch und verabredeten sich nach dem Abendessen auf ein Gläschen Wein im Vorzelt der Hubers.

„Ich habe gar keine guten Sachen mit für solch einen netten Abend.“ erklärte Rike. „Meine Hose ist voller Hundehaare. Ich werde die weißen Leggins anziehen, welche ich nachts zum Schlafen anhabe. Die ist sauber und ohne Haare.“

Manuel schaute genervt: ‚Wie immer hat die nur Lumpen dabei. Die lernt es nie. ‘

Sie gingen also zu den Hubers. Nach der üblichen Vorstellrunde und dem Austausch der Herkunft nebst Erklärungen über die Herrlichkeit der eigenen Landschaft und ihrer besonderen Vorzüge, sagte Herr Huber:

Die REHA der Frau Huber

„Wir wollen den Urlaub jetzt einmal genießen. Meine Frau war lange krank und war im Winter auch zur REHA.“

„Ich war auch mal bei einer REHA. Es hat mir richtig gut gefallen. Ihnen auch?“ wollte Rike wissen und schaute zu Frau Huber.

„Nein, trotzdem habe ich alles was ich konnte mitgemacht. Es war Winter und draußen kalt, nass und den ganzen Tag dunkel. Jetzt freut man sich über eine Kerze hier, ein Lämpchen dort. Ich durfte über Weihnachten und Silvester für einige Wochen zu Kur.“

„Über Weihnachten und Silvester? Da haben die Einrichtungen nicht geschlossen?“ wollte Manuel wissen.

„Nein. Aber wir haben keine kleinen Kinder mehr, also war es nicht so schlimm. Außerdem war uns Urlaub über die Weihnachtstage zugesichert worden. Ich hoffte insgeheim, dass die Kur wenigstens in Ansätzen so würde wie die Letzte vor zehn Jahren. Nun ja. Ich würde offen sein für die Therapien und Angebote. Am meisten freute ich mich auf die kreativen Gestaltungsstunden.

Mein Mann brachte mich hin. Er lud die Taschen auf einen Gepäckwagen, welche im Vorraum standen und schob ihn in den Eingangsbereich. Er konnte nicht mit mir warten und so blieb ich allein zurück. Bis zum Zimmerbezug waren noch einige Stunden Zeit. Um die Zeit des Wartens zu verkürzen, gab mir die Empfangsdame etliche Papiere zum Ausfüllen. Neben dem Empfangsbereich befand sich eine Cafeteria. Im Durchgang standen Koffer und Taschen von anderen Patienten. In jeder freien Ecke standen diese. Meine Taschen sollten auch noch Platz finden. Ich wusste nicht, ob ich den Menschen trauen konnte und so dicht beim Eingang waren die Taschen nicht sicher. Schließlich war mein nagelneues Tablet in einer der Taschen. Ich hatte ein Plätzchen gefunden und setzte mich in der Cafeteria so, dass ich den Gepäckwagen samt Taschen im Blick hatte. Jetzt schaute ich mich erst einmal in aller Ruhe um. Als Raumteiler standen Vitrinen welche mit Auslagen des NABU gefüllt waren. Interessant, es ging um Fledermäuse und Vögel. Dekorativ waren die großen Pflanzenkübel und in einer anderen Ecke stand ein Kaffeeautomat. Toll, dann gibt es morgens schon beizeiten Kaffee für mich. Sitzecken waren reichlich vorhanden und wurden auch gut genutzt. Links und rechts vom Empfangsbereich gingen Gänge zu Zimmern, welche mir noch keinen Aufschluss gaben. Auf dem Fußboden direkt im Eingang war mit silberfarbenem Panzertape eine schwarze Sauberlaufmatte fixiert.

Ich holte mir in der Cafeteria einen Pot Kaffee und begann mit dem Ausfüllen der Fragebögen. Wozu diese Fragen, das hatte ich doch alles schon in der unüberschaubaren Menge der Antragsformulare geschrieben. Lesen diese Menschen die Formulare nicht? Immer wieder ging der Blick Richtung Taschen. Sie waren noch da. Nach und nach kamen weitere Patienten an. Der Empfangsbereich füllte sich. Auch abreisenden Patienten gesellten sich zu der Schar wartender Menschen. Es war ein Kommen und Gehen. Zwischendrin die Patienten, welche nach ihrer Post fragten und andere, welche zum Rauchen wollten oder Spazierengehen und Einkaufen.

Endlich war es zehn Uhr, ich bekam den Zimmerschlüssel und mit diesem einen kleinen Zettel, wann ich wo zu welcher Uhrzeit als Erstes zu sein hatte. Einen kurzen Hinweis wo ich mein Zimmer finden konnte und dann schob ich meinen Gepäckwagen in den Fahrstuhl. In der Etage angekommen, öffnete sich die Fahrstuhltür und ich stand im Flur. Dieser war mit grauem Filz ausgelegt kunstvoll verziert mit jeder Menge

Flecken. Mir gegenüber befand sich der Patienten - Aufenthaltsraum. Na bravo. Das wird schön laut werden. Direkt daneben fand ich mein Zimmer. Erst mal ins Zimmer und auspacken. Die Zeit nicht vergessen. Ich sollte elf Uhr dreißig in Raum einhundertfünfundvierzig zur Aufnahme erscheinen. Ich schloss die Tür auf und betrat mein zu Hause für geplante drei Wochen. Als erstes fiel mir die große Fensterfront auf, hinter der sich sogar einen Balkon verbarg.

‚Das ist toll. Wenn es noch einige schöne Tage gibt, kann ich die Sonne ein bisschen genießen'.

Mein Blick inspizierte das Zimmer. Es war wie auch der Flur mit grauem Filz ausgelegt und hatte ebenfalls dekorativ einen großen brauen Fleck direkt vor meinen Augen. Bäh. Das würde ich fotografisch festhalten, damit ich dafür nicht zur Vcrantwortung gezogen würde. Dann schaute ich mir den Balkon durchs Fenster an, na sitzen mochte ich dort nicht. Die beiden weißen Stühle standen geschätzte zehn Jahre dort. Aber ich konnte Wäsche dort aufhängen. Jemand hatte Wäscheleinen und Klammern hinterlassen. Super, für die kleine Wäsche reicht das. Das Bett stand mitten im Raum und war mit einer Höhe von geschätzten neunzig Zentimeter perfekt für große Menschen zum ein – und aussteigen. Es schloss sich direkt der Schreibtisch an mit einem Lehnstuhl davor. Gegenüber stand ein kleiner offener Kasten ohne Einlegeböden aber mit einem kleinen Fernseher oben drauf. Na das nenne ich wirklich Luxus. In der letzten Kur war weder Fernseher noch Radio im Zimmer. Auf der anderen Seite stand ein großer Kleiderschrank mit Schwebetüren und großem Spiegel. Hinter der nächsten Tür fand ich mein Bad. Auf den Stangen hingen jede Menge Handtücher. Das wird reichen für die nächste Woche. Ich begann, mich einzurichten. Nur so viel, wie unbedingt nötig. Was ich auspackte, musste ich auch wieder einpacken. Schrecklicher Gedanke.

Es war an der Zeit, das Zimmer einhundertfünfundvierzig zu suchen. Nach einigem hin und her, rauf und runter hatte ich es gefunden. Dort empfing mich ein netter Pfleger und erklärte mir anhand eines schmalen A4 Laufzettels die Termine für den Rest der Woche. Arzttermine mit Blutentnahmen und Kreislaufkontrollen, Vorträge und Einweisungen. Außerdem weitere Fragebögen.

Es war Mittag geworden. Ich hatte Platz D an Tisch vierundvierzig. Auf den Fluren war alles gut ausgeschildert. Man musste sie nur sehen. Ich hatte somit wenige Probleme, mich zu Recht zu finden, was meist anders ist. Eine nette Servicekraft, Frau Jakob erwartete die neuen Patienten und brachte sie zu ihren Plätzen. Der Speiseraum war riesig und durch Raumteiler abgetrennt. Tisch vierundvierzig stand in einer kleinen Nische, was mir wirklich sehr zusagte. Dahinter war der Arbeitsbereich der Serviceleiterin Frau Meyer. Dort stand das Telefon und fanden zeitweise kleine Besprechungen auch während der Mahlzeiten statt. Frau Jakob erklärte mir den Speiseplan und brachte mir mein für heute ausgewähltes Menü. Lecker, aber gewöhnungsbedürftig weil kalorienarm. Ich sollte möglichst gleich noch auf dem Speiseplan meine Menüs für den Rest der Woche ankreuzen. Sie würde ihn dann wieder mitnehmen.

‚Brille zum Essen mitnehmen‘.

Die Tische waren liebevoll der Jahreszeit entsprechend dekoriert. Eine Speisekarte mit dem aktuellen Speiseplan steckte im Serviettenständer.

Nach dem Mittagessen hatte ich Zeit, mich weiter einzurichten und die Gegend ein wenig zu erkunden. Die Fahrt zur

Klinik durch das Städtchen verhieß nicht viel Spaß. Ich hoffte, es wäre nur der erste Eindruck.

Ich habe die Angewohnheit, das Mittagessen mit einem Kaffee zu beenden. Also lugte ich leise in den Patientenaufenthaltsraum. Eine Sitzgarnitur und eine Küchenzeile befanden sich hinter der Tür. Es war niemand drin. Auf der Küchenzeile stand ein Wasserkocher. Prima. Es gibt Kaffee. Von zu Hause hatte ich Kaffeepulver mitgenommen. Ich ging also zurück ins Zimmer, um eine Tasse zu holen. So sehr ich auch hinter allen Türen suchte, es fand sich keine. Keine Tasse, kein Teller, kein Besteck. Nix mit Kaffee. Ich ging also in die Cafeteria um mir dort Kaffee zu kaufen. Auch nix. Die machen erst wieder am Nachmittag auf. Da war noch der Automat. Er war gnädig mit mir und machte mir einen Kaffee. Gerettet. Nun war so viel Zeit damit vergangen, nach dem Zubehör für meine Sucht nach Kaffee vergangen, dass ich keine Zeit mehr hatte, die Gegend zu erkunden.

Mein nächster Termin stand an, die Aufnahme durch die Ärztin. Ich machte mich auf die Suche nach Zimmer dreihunderteinundfünfzig. Dort warteten schon andere Patienten. Wie ich in der Unterhaltung mit bekam, hatte jeder einen Termin zu einer anderen Uhrzeit aber fast im Minutentakt. Also musste ich noch eine Weile warten. Ich schaute mich im Flur um. Auch hier war dieser graue Filzteppich mit Flecken. Die Ecken zu den Zimmern abgestoßen, schlecht verlegte Kabel und versteckte Hinweisschilder. Ich war an der Reihe. Frau Doktor Genoveva war meine Ärztin. Sie untersuchte mich und stellte Fragen, welche ich in den Papieren schon beantwortet hatte. Welche Medikamente ich nehme zeigte ich ihr in den Papieren, wer mein einweisender Arzt war zeigte ich ihr in den Papieren, welchen Blutdruck der Pfleger heute gemessen hatte zeigte ich ihr in den Papieren, welche Erwartungen ich hatte zeigte ich ihr in den Papieren. Der Pfleger hatte den Puls nicht notiert. Frau Doktor rief im Schwesternzimmer an, um mich im Anschluss wieder dort hin zum Pulsmessen zu schicken. Ich sah sie ungläubig und mit hoch gezogenen Brauen an. Sie schien es zu ignorieren, weil sehr gestresst und war äußert kurz angebunden. Sie ließ mich nicht mal ausreden. Ich war fertig und konnte gehen. So arbeitete ich meinen schmalen Zettel mit den Bleistiftnotizen ab.

Am Abend stand noch die Hausführung auf dem Programm. Es gab ein Schwimmbad, eine Mukibude, eine Aula - welche sich im Keller befand - und eine große Sporthalle. Ich war auf die Räume der Ergotherapie gespannt. Ob die hier auch mit Ton arbeiten? Ob wir viel malen? Wir waren bei den Räumen angekommen. Hier wurde uns gesagt, dass wir Ergotherapie nur auf ärztliche Verordnung bekommen und diese nur spärlich vergeben werden, da es für die zweihundert Patienten nur drei Ergotherapeuten gibt. Außerdem müssten jetzt noch die letzten Urlaubstage in diesem Jahr genommen werden und ein Mitarbeiter sei zu dem krank. Frei zugänglich sei ein Raum nur nach vorheriger Anmeldung. Der frei zugängliche Raum bot keinerlei Möglichkeiten sich kreativ zu beschäftigen. Beim weiteren Rundgang durch das Haus stellte sich heraus, dass lediglich ein einziger Patienten Aufenthaltsraum zur Verfügung steht. Was soll ich sagen, neben meinem Zimmer. Traurig. Ich bin zwar nicht die Quasselstrippe, aber zuhören tue ich schon ganz gern. So wie es heute Mittag den Anschein machte, war dieser nicht gut besucht.

Am Abend telefonierte ich mit meinem Mann. Ich erzählte ihm von den Enttäuschungen des Tages. Hier sollte ich drei Wochen bleiben. Er versprach, am Sonntag zu Besuch zu kommen. Ein Lichtblick.

Unsere Tage in der REHA Klinik begannen wie überall auch sonst mit dem Frühstück. Es war wirklich sehr reichhaltig. Jeden Morgen frische Brötchen, Obst als Zwischenmahlzeit, Saft, Kaffee, Tee, Wurst und Käse, Müsli und Trockenfrüchte. Wer hier nichts fand, war selbst schuld. Im Anschluss begannen die Behandlungen. Nordic Walking mit diesen Stöcken, Wassergymnastik, Kraftsport, Gruppengymnastik und Einzelbehandlungen. Unterbrochen von Vorträgen über gesunde Ernährung, Wirkung von Medikamenten und der psychischen Gesundheit. Aufbauend auf diesen Vorträgen waren Seminare angeschlossen. Was mir definitiv fehlte, war die Ergotherapie. Wie auch immer.

Eines Nachts träumte ich, wie ich allein in einem riesigen Bahnhof stehe. Ich hatte mich mit Gerd gestritten und wollte nach Hause fahren. Ich kann die Fahrpläne lesen, fand aber keinen passenden Zug, welcher nach Hause fahren würde. Ich suchte die Tafel rauf und runter und fand eine Gelegenheit in Richtung Heimat. Ich musste jetzt noch den Bahnsteig finden. Hier lag das Problem. Ich lief die endlosen Bahnsteige auf und ab, ging Treppen rauf und wieder runter, ich fand mich nicht zurecht. Plötzlich donnerte es an meine Tür. Völlig irritiert schreckte ich im Bett hoch. Ich war noch so im Traum gefangen, dass ich das Geschehen nicht einordnen konnte. Ich schloss zum Glück nie ab, so dass ich nicht aus dem Bett springen musste. Just in dem Moment stand auch schon die Nachtschwester im Zimmer und rief völlig hysterisch:

‚Sofort anziehen und in den Eingangsbereich kommen! Es ist Feueralarm! ‘

Noch ehe ich die Sätze realisieren konnte, schrie mich vom Flur bereits der Feuermelder in einer Lautstärke an, welche Tote erweckt. Nur mich nicht. In meinem Traum bekam ich nichts um mich herum mit. Jetzt war ich wach, hellwach. Meine Hände zitterten. Was sollte ich zuerst machen? Was sollte ich auf die Schnelle anziehen? Was sollte ich mitnehmen? Alles ging mir auf einmal durch den Kopf. Ich riss den Morgenmantel aus dem Schrank, nahm mein Portemonnaies aus dem Schub, steckte das nagelneue Tablet hinein, schloss ab und schon war ich im Flur. Ich zitterte noch immer. Wie ich von meiner Arbeitsstelle weiß, darf man bei Feueralarm den Fahrstuhl nicht benutzen. Das hatte sich eingebrannt und so hetzte ich die Treppen hinunter in das Foyer. Hier standen schon sehr viele andere Patienten und vor der Tür flackerte das Blaulicht. Einige große Feuerwehrautos waren dort, Krankenwagen und Polizei. Es erinnerte mich sehr an unseren Brand. Die Aufregung legte sich nicht. Ich zitterte weiter am ganzen Körper. Suchend schaute ich mich um. Auf meine Nase konnte ich mich besonders gut verlassen. Der Geruch von verbrannter Plastik hatte sich in mein Gedächtnis eingebrannt. Noch heute reagiert mein Hirn hysterisch, wenn es auch nur in Ansätzen seltsam riecht, sei es im Haus oder auch draußen.

Ich saß in meinem Nähzimmer auf dem Dachboden und war mit der Flickwäsche beschäftigt. Pascha begleitet mich normalerweise nicht auf den Boden. An diesem Tag kam er und legte sich neben die Tür. Von hier aus beobachtete er mich. Ich war erstaunt aber nicht beunruhigt. Die Flickwäsche musste vor dem Dienst noch fertig werden. Ab und an klopfte es, ich drehte mich um und war der Meinung, es war mein Hund. Beim Kratzen haut er ab und an auf den Fußboden. Ich dachte mir nichts dabei.

„Wo ist euer Hund?“ wollte Manuel wissen.

„Er ist leider schon gestorben.“ antwortete Frau Huber und erzählte weiter:

„ Heute riecht es draußen aber komisch, dachte ich.

Ich schaute aus dem Fenster in Richtung Ortsmitte, konnte aber nichts sehen. Also weiter, ich musste bald zur Arbeit. Nach einer Weile klingelte es an der Haustür. Wird wohl die Postfrau sein. Ich eilte eine Etage tiefer ans Fenster. Noch ehe ich etwas fragen konnte, schrie mich jemand von unten an:

‚Weißt du nicht, dass es bei euch brennt!? Habt ihr einen Feuerlöscher? ‘

Ich schüttelte mit dem Kopf. Und schon war dieser jemand wieder im Auto und raste davon. Brennt? Bei uns? Wo denn? Ich schaute in die unteren zwei Räume, hier auch nicht. Wo denn nur? Die Heizung? Die Tür zum Hof öffnete ich einen Spalt und sah schon die Flammen wie in einem Schlot die Felsen hoch brennen. In die Heizung schaute ich kurz hinein, da brannte alles lichterloh. Tür zu, sonst wird es schlimmer. Mein Hund, wo ist das blöde Handy? Mist, Akku fast leer. Muss reichen. Schnell die Jacke überziehen, den Hund an die Leine und raus. Unterwegs beim Anziehen und Anleinen noch die eins eins null gewählt. Es meldete sich die Polizei. Hä? Egal. Ich erklärte, dass es bei uns brennt. So stand ich Mutter Seelen allein auf der Straße. Nicht mal die Sirene wurde eingeschaltet. Als ich so da stand, kam der Gemeindearbeiter mit dem Auto und etlichen Feuerlöschern. Er frug nicht, sondern machte sich sofort ans Löschen. Wo blieb die Feuerwehr? Ich rief wieder an. Diesmal die eins eins zwei. Die Stimme am Telefon sagte mir, dass sie bereits unterwegs seien.

‚Es brennt bei uns‘, jammerte ich.

Jetzt rief ich Gerd an. Er war wie jeden Tag in einem anderen Ort. Heute etwa eine Stunde weit weg. Er sagte nur, er komme. Inzwischen war die Feuerwehr eingetroffen. Der

Gemeindearbeiter hatte mit einigen Feuerlöschern die Flammen löschen können. Mit der Feuerwehr kamen der Krankenwagen und die Polizei. Kurz darauf flog auch Gerd ein. Er war nicht nur gefahren, sondern musste gerast sein. Zitternd stand ich mit meinem Hund an der Leine auf dem Bürgersteig. Es war Winter. Inzwischen hatten sich einige Schaulustige eingefunden. Leider gab es nicht viel zu sehen, da sich alles hinter dem Haus abspielte. Irgendwann durften wir wieder ins Haus. Die Männer der Feuerwehr hatten gut gelüftet und alles kontrolliert. Auf den Teppichen hinterließen sie auch Ruß. Das sah ich erst viel später. Es roch fürchterlich nach verbrannter Plastik und war eiskalt im ganzen Haus. Die Fenster im Wintergarten waren voller Ruß. Die Schäden hatten wir noch nicht überschauen können. Ich saß auf dem Teppich und war in Gedanken.

‚Meine Gummistiefel', sagte ich. Gerd und meine Freundin schauten mich fragend an, als ob das jetzt wichtig sei? Für mich schon, ich hatte endlich Stiefel in meiner Größe und die waren in der Heizung mit verbrannt.

Unsere die Versicherung war sehr toll. Wir bekamen die Schäden komplett ersetzt. Die Angst aber ist geblieben.

Nachdem meine Nase in der Klinik eine Weile die Lage sondiert hatte und nichts fand, was nur in Ansätzen nach verbrannter Plastik riecht, wurde ich ruhiger. Ich konnte nun die Situation beobachten und die vielen Menschen um mich herum. Feuerwehrleute hetzten durch den Eingang hinein, andere wieder hinaus. Ständig hatten sie den Sprechfunk an und tauschten sich aus. Da man uns nicht aus dem Haus brachte, ging ich davon aus, dass es NUR ein Fehlalarm war. War ich froh. Nach etwa drei Stunden konnten wir zurück in unsere Zimmer. Die Nacht war schon fast vorbei. An Schlaf war nicht mehr zu denken. So nahm ich meine Stricknadeln und die Wolle und strickte die Socken weiter.

Am Morgen beim Frühstück war das Das Gesprächsthema. Nicht nur ich hatte mit den Erlebnissen der Nacht zu kämpfen. Viele andere auch, wie ich am Redebedarf merkte."

„Um Gottes Willen. Das ist ja schrecklich…" sagte Rike, welche die ganze Zeit an den Lippen von Frau Huber hing.

Herr Huber fiel ihr ins Wort: „Seid mal still. Was sagten sie gerade im Radio? Corona? Lock down? Corona war bis dato nichts Schlimmes. Schlimm war nur das Ramschen der Leute. Keine Mehl, keine Nudeln und vor allem keine Tempos. Und das bei meinem Heuschnupfen. Ich bin wieder auf Stofftaschentücher zurückgegangen, wie vor fünfzig Jahren. Ist das bei euch auch?"

Manuel erwiderte: „Wartet, ich schauc gleich mal im Netz nach. Ja, bei uns gibt es kein Klopapier. Und kein Mehl. Nudeln nur noch die Teuren. Gut, dass ich voriges Jahr eine dicke Rolle hellblaue Werkstatthandtücher gekauft habe. So haben wir keine Sorge, wenn Küchenrolle und Co ausgehen."

Wie immer geht er ohne sein Handy nirgends hin. Auf diese Weise ist er jeder Zeit up to date.

„Was bedeutet das jetzt für uns?" erkundigte sich Frau Huber und schaute ihren Mann fragend an.

„Was wird mit unserem Urlaub? Wir sind doch autark. Müssen wir wieder heimfahren? So ein Mist. Alles umsonst. Die ganze Planung, die ganze Arbeit am Boot." maulte Rike.

„Das kann für uns nicht gelten. Wir kommen doch mit niemandem zusammen. Und ihr doch auch nicht." lamentierte sie weiter.

Es dauerte nicht lange und Manuel hatte die aktuelle Seite gefunden. Bevor er vor las, sagte er:

„Und was ist das hier?“ und deutete in die nette kleine Runde.

„In Niedersachsen gilt ab heute ein landesweiter Lock down….“

„Das kann nicht wahr sein. Wir sind doch gerade erst weg gefahren. Ist in Thüringen auch ein Lock down?“ fiel Rike ihm ins Wort.

Wieder frug er die entsprechenden Seiten im Internet und antwortete: „Ja. Ich schaue bei euch noch nach. Wird wohl dasselbe sein. Außerdem, wenn hier alles dicht ist, dann müssen wir sowieso nach Hause. Man kann doch gar nichts mehr unternehmen. Wo sollen wir noch hin? Wir können nicht mal Essen gehen. Ist doch auch langweilig.“

Nach einem Augenblick nickte Manuel: „Bei euch auch. Ihr habt dazu noch eine Ausgangssperre ab zweiundzwanzig Uhr. Also müsst ihr so fahren, dass ihr bis dahin zu Hause seid.“ sagte er zu den Hubers.

Alle vier schauten sich fragend und ungläubig an.

„Du machst Scherze.“ antwortete Herr Huber.

„Leider nicht. Rike, wir müssen morgen packen und heimfahren. Uns bleibt der Urlaub im Garten. Norden wird froh sein, wenn er seinen Garten wieder hat.“ erklärte Manuel.

Der Abend war gelaufen. Jeder hing seinen Gedanken nach und schien zu überlegen, was das für die einzelne Person, die Familie, die Freunde und Bekannten, die Arbeit bedeuten würde. Das gesamte Ausmaß konnte noch keiner abschätzen.

„Wir werden heute Abend noch Fernsehen. In den Nachrichten werden sie sicher alles genau erläutern. Habt ihr Fernsehen?“ frug Herr Huber Manuel.

„Nein. Ich kann aber über unser Tablet die Nachrichten online ansehen. Das werden wir auch machen. In einer halben Stunde können wir Nachrichten sehen. Ich denke, wir verabschieden uns schon mal. Es ist wirklich schade, das der schöne Abend so enden muss." erklärte Manuel.

So verabschiedeten sich die vier voneinander und wünschten sich alles Gute, vor allem Gesundheit.

Am nächsten Morgen war die „Eichsfeld Zwei" bereit für die Rückreise. Beide hofften, dass sie im selben Jahr ihren Urlaub wiederholen und dann nach Lübeck fahren könnten. So brachen sie auf, im Jahr zweitausend Corona eins.